01 septembre 2022

Mike Horn

Né en 1966 à Johannesburg, Mike Horn obtient un diplôme de science du mouvement humain à l'université de Stellenbosch. Il quitte l'Afrique du Sud en 1990, pour voyager en Europe où il travaille d'abord en tant qu'instructeur de ski et guide de rafting et canyoning. Depuis, il multiplie les exploits inédits. Il a descendu l'Amazone à la nage, a fait le tour du monde en suivant la ligne de l'équateur, a marché le long du cercle polaire arctique et a bravé la nuit hivernale pour rejoindre le pôle Nord. Il raconte ses aventures dans ses livres : *Latitude Zéro* (2001), *Conquérant de l'impossible* (2005), *À l'école du Grand Nord* (2005), *Objectif : pôle Nord de nuit* (2007), *Vouloir toucher les étoiles* (2015) et *L'Antarctique, le rêve d'une vie* (2018), tous parus chez XO Éditions. À partir de 2016, Mike Horn anime des émissions sur M6 : « À l'état sauvage », dans laquelle il accompagne une personnalité pour lui apprendre à survivre sans les hommes, puis « Cap Horn », où une personnalité l'accompagne dans son nouveau défi.
Lancé en mai 2016, le projet « Pole2Pole » a pour but de relier les deux pôles (du Sud au Nord) en ski, en kayak, en voiture, à pied et à bord de son voilier brise-glace.

Retrouvez tout l'actualité de l'auteur sur :
www.mikehorn.com

L'ANTARCTIQUE, LE RÊVE D'UNE VIE

DU MÊME AUTEUR
CHEZ POCKET

LATITUDE ZÉRO
À L'ÉCOLE DU GRAND NORD
CONQUÉRANT DE L'IMPOSSIBLE
OBJECTIF : PÔLE NORD DE NUIT
VOULOIR TOUCHER LES ÉTOILES
L'ANTARCTIQUE, LE RÊVE D'UNE VIE

MIKE HORN
avec la collaboration de Henri Haget

L'ANTARCTIQUE, LE RÊVE D'UNE VIE

RÉCIT

XO
EDITIONS

MIXTE
Papier issu de
sources responsables
FSC® C003309

Pocket, une marque d'Univers Poche,
est un éditeur qui s'engage pour la préservation
de l'environnement et qui utilise du papier fabriqué
à partir de bois provenant de forêts gérées
de manière responsable.

ISBN : 978-2-266-29224-5
Dépôt légal : mai 2019

À ma mère, Blanche.

Merci à Annika et Jessica de me donner les ailes qui me permettent de réaliser mes rêves.

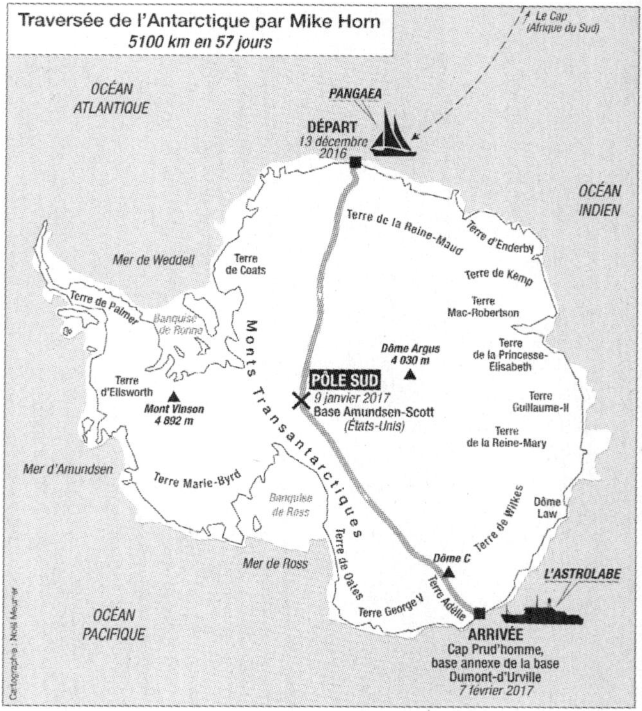

Traversée de l'Antarctique par Mike Horn
5100 km en 57 jours

Au début de l'année 2015, Cathy a été emportée par un cancer du sein, me laissant orphelin de cœur, seul avec nos deux filles, Annika et Jessica. J'ai traversé bien des drames personnels dans mon existence, mais je n'ai jamais éprouvé un tel choc. Perdre ma femme, pour moi, c'était pire que perdre la vie.

J'ai toujours pensé que mon goût du risque et de l'aventure extrême, ma façon d'avancer sur le fil du rasoir me conduisaient presque inéluctablement vers une fin violente et précoce. Le plus tard sera le mieux, mais cette éventualité fait partie de mon bagage d'explorateur depuis mon premier rodéo en hydrospeed sur le fleuve Amazone, il y a vingt ans déjà. Jamais je n'aurais pu envisager que ce soit elle qui parte avant moi. Cathy, mon amour, mon ancre, ma boussole… J'ai le cuir épais, les épreuves et la douleur sont mes compagnes de voyage depuis longtemps, mais cette injustice m'a foudroyé, m'expédiant les deux genoux à terre. Et maintenant, comment faire pour lui survivre ?

*

Je me revois à son chevet, pour notre dernier Noël en famille, dans cet appartement qu'elle aimait tant, en surplomb du lac Léman. Moi qui ne m'avoue jamais vaincu, je n'étais qu'impuissance. Je lui tenais la main, aussi utile qu'un aventurier empaillé. Je lui soufflais des mots pleins de larmes retenues : « Je donnerais tout pour mourir à ta place… » Je n'oublierai jamais ce qu'elle m'a répondu, l'ombre d'un sourire sur son visage aux traits creusés. « Ne sois pas stupide, voyons, personne ne peut mourir à ma place… Le plus beau cadeau que tu puisses me faire, c'est de continuer à vivre pour moi. Comme avant, comme toujours. Demain encore plus fort qu'hier. Vis pour moi, Mike ! Vis pour nous deux… »

Peu de temps après le Nouvel An, j'ai dû m'envoler pour le Panamá où l'équipe de l'émission *The Island* m'attendait pour un tournage. À la maison, je savais que Cathy, même très affaiblie, se sentait comme dans un cocon. Le ballet des infirmières à domicile était rodé. Annika, qui venait de terminer ses études de communication à Paris, la choyait de tout son amour. Mais l'état de sa mère s'est soudainement dégradé et notre fille aînée n'a pas eu d'autre choix que de la faire hospitaliser à Lausanne, une échéance que nous souhaitions tous retarder.

Le lendemain, j'ai tout laissé en plan et je suis rentré en Suisse par le premier avion. Jessica m'a imité depuis Boston où elle suivait, elle aussi, des études de communication. Cathy était clouée sur son lit d'hôpital, encadrée de perfusions. Elle ne pouvait déjà plus parler. Quand elle nous a entrevus, Annika, Jess et moi, dans l'embrasure de la porte, elle a juste écarté les bras et un ultime éclat de vie a illuminé ses grands yeux si vifs dans son corps presque mort. C'était terriblement triste et beau de penser qu'elle nous emmenait tous les trois dans son dernier rêve.

Au lendemain de sa mort, j'ai décidé de repartir au Panamá et j'ai proposé aux filles de venir avec moi. Quelques jours au soleil, en pleine nature, loin des blouses blanches et des odeurs d'éther. Nous avions besoin de ça. C'était notre manière d'étancher notre chagrin et d'affirmer que la vie doit reprendre le dessus sans attendre. Les filles ont hérité de moi cette force primitive. On ne se laisse pas abattre comme ça chez les Horn. En vingt-cinq ans d'amour et d'aventures, nous avions vécu trois ou quatre vies, Cathy et moi. Nous aurions pu encore en épuiser quelques autres. Mais à quoi bon regretter ? Pourquoi pleurer et se morfondre quand on n'y peut rien changer ? Notre voyage à deux, puis à quatre, avait été si beau, si intense... Comme pour mieux ensevelir ma tristesse et la douleur des filles, j'ai choisi de célébrer les obsèques de leur mère à notre retour, le 25 février. C'était aussi un jour de fête. Celui des vingt-deux ans d'Annika...

*

La vie n'a pas tardé à reprendre le dessus, en effet, mais elle n'était plus tout à fait la même. Moi qui avais été si absent, je me sentais redevable auprès des filles. Jessica avait provisoirement suspendu ses études à Boston afin de rester à Lausanne auprès de sa sœur aînée. Je décidai de mettre ma vie de vagabond du globe entre parenthèses pour enfiler les habits d'un papa presque ordinaire. Il me fallait combler la disparition de Cathy et créer une complicité nouvelle avec les filles. Je devais les guider, les protéger, leur montrer que j'étais là. Du moins, c'est ce que je croyais. Jusqu'à ce jour du printemps 2015 où Annika m'a pris entre quat'z'yeux.

— Ça va, paps ?

— Bien sûr. Pourquoi cette question ?

— C'est juste qu'avec Jess, on trouve que tu tournes un peu en rond à la maison… Tu souris, mais derrière ton sourire il y a comme un vide.

— Un vide ?

— Oui, tu as l'air heureux mais, au fond de toi, tu n'es pas heureux. Je me trompe ?

Là, j'ai essayé de la convaincre que j'étais le plus accompli des hommes et des papas. Ma vie était à un tournant. Le club des cinquante ans n'allait plus tarder à m'accueillir, il était temps que je me range un peu. Et puis, je n'avais quand même pas les deux pieds dans la même pantoufle. La télé avait fait son apparition dans mon agenda. J'avais une émission, *The Island*, sur M6, qui marchait fort, et la chaîne concoctait déjà d'autres projets pour moi, notamment le concept d'*À l'état sauvage*.

— C'est génial, la télé, tu sais, ma chérie…

— Arrête, paps ! Pas à moi, pas à nous… Jess et moi, on sait très bien ce qu'il y a derrière ton sourire qui tombe en coin. Tu n'avais pas commencé à préparer un truc avec maman ? Un truc genre traversée du pôle Sud, celle qui n'a encore jamais été accomplie par aucun homme ?…

— C'est vrai qu'on y pensait avec votre mère. Et j'y pensais même bien avant votre mère. L'Antarctique, c'est mon premier rêve d'explorateur, mes premières lectures d'enfant : l'épopée de Roald Amundsen, la tragédie de Robert Falcon Scott… J'avais huit ans. Mais…

— Il n'y a pas de « mais », paps. Tu te souviens des paroles de maman ? Vivre, encore et toujours. Vivre pour elle, pour nous aussi. Tu sais que durant toutes ces années où tu n'étais pas là, tu incarnais à nos yeux le plus inspirant des papas ?

C'est là que je me suis rendu compte que mes deux bouts de chou de vingt ans et des poussières avaient bien grandi. Mieux que moi, elles avaient compris le message de Cathy. J'ai cherché quoi répondre – vite, vite, c'est quoi la réponse d'un papa qui rentre tous les jours du bureau à cinq heures… –, mais Annika m'a coupé définitivement la chique en adoptant un ton quasi solennel :

— Aujourd'hui, maman n'est plus là, mais c'est nous, tes filles, qui te demandons de partir là-bas et de réaliser ton rêve d'enfant.

J'ai baissé mes défenses, et ma panoplie de quinquagénaire repu a fini à la poubelle. Alors, comme ça, l'aventure continuait ? Et si je mettais sur pied la plus belle, la plus dure, la plus folle de toutes ?

*

Mon existence est ainsi faite, je n'y peux rien. J'ai deux amours. Celui des miens, viscéral, insurpassable, qui me force à rentrer vivant de mes expéditions les plus périlleuses. Mais je n'aurais pas le sentiment d'être complet si je ne pouvais assouvir ma passion de la nature dans sa splendeur la plus inhospitalière. Loin de la civilisation, en bravant les éléments extrêmes, je trouve des réponses à des questions qui ne cesseraient de me hanter si je restais dans mon fauteuil. J'explore des terres inaccessibles pour y découvrir qui je suis. Ainsi, ma vie est un tableau empreint de toute la palette des émotions, des plus suaves aux plus glacées, celles après lesquelles on court et celles que l'on fuit à toutes jambes : la chaleur d'un foyer, la douceur d'une famille, mais aussi l'inconnu, la crainte, l'inconfort, la solitude… Nu face à des forces cent fois, mille fois supérieures à la mienne, je me sens comme le premier homme. J'apprends à aimer ce que la plupart des êtres détestent. La peur devient ma maison. Alors, je suis un privilégié. Alors, je ne me contente plus d'exister, je vis. Pour moi, pour elles, pour nous tous…

*

J'ai repris le projet là où on l'avait laissé avec Cathy. J'adorais l'idée d'affronter les mers du Sud en bateau, de frayer entre les icebergs avant d'entamer l'expédition proprement dite. Ça corsait un peu plus les choses et ça me rapprochait des pionniers du temps jadis. Il fallait juste que je ne me rate pas, car le créneau est plutôt réduit lorsqu'on envisage de tirer son traîneau par –40 °C sur plus de cinq mille kilomètres avec l'hiver des hivers aux trousses.

Je me doutais bien que cette traversée de l'Antarctique, via un itinéraire inexploré, à la seule force d'un cerf-volant et de mes mollets, serait une course contre la montre, une course contre la mort. Pour le reste, j'étais loin d'imaginer tout ce que ce périple au cœur du froid me réservait.

Une seule chose était sûre, au fond. Contrairement à toutes mes expéditions précédentes, Cathy ne m'attendrait pas, à l'arrivée, pour me serrer dans ses bras et briser ma solitude de rescapé.

Pour la première fois, elle allait m'accompagner à chacun de mes pas.

1.

Le Cap, novembre 2016.

Maintenant, chaque heure qui file est un supplice. Jusqu'à quand l'Antarctique daignera-t-il m'attendre ? Sur mon bateau inerte, entouré de mon équipage aux bras ballants, j'ai l'impression d'être un sprinteur coincé dans ses starting-blocks. Je déteste ces journées qui s'étirent comme du chewing-gum. J'ai une vieille philosophie, là-dessus. En moyenne, une vie dure trente mille jours. On n'a pas le droit d'en gâcher un seul, de subir le temps qui passe. On ne naît pas pour être le spectateur de sa propre existence.

Et encore, trente mille jours, c'est quand on a de la chance. La plupart de mes proches ne l'ont pas eue. J'ai perdu mon père, Michael, quand j'avais dix-huit ans, ma sœur aînée, Linda, et ma femme, Cathy, en pleine force de l'âge. Autour de moi, il n'y a que ma mère, Blanche, qui file doucement vers ses soixante-seize printemps.

Je la vois presque tous les jours depuis que *Pangaea*, mon bateau, est amarré dans la marina du port du Cap. C'est bien le seul côté positif de mon séjour prolongé et du report perpétuel de notre date de départ. Elle vient de Stellenbosch, à quarante-cinq minutes de voiture. Elle apporte des gâteaux pour l'équipage, elle étouffe d'un sourire mes accès d'impatience. Malgré la maladie qui la mine, elle ne se départ jamais de sa douceur et de l'amour qu'elle porte à son prochain. Ma mère est très pieuse. Elle me dit qu'elle priera pour moi tous les jours que durera mon expédition. « Comme ça, les anges se mettront autour de ta tente et ils te sauvegarderont. » Et elle le fera. Jusqu'au bout. Puis, sa besogne accomplie, son fils sain et sauf, les anges l'emporteront quelques semaines plus tard.

*

On est le combien ? Le 17 novembre… Cela fait une bonne semaine que je devrais avoir levé l'ancre. À cette date-là, la plupart des expéditions en Antarctique sont déjà à pied d'œuvre. Les équipes d'explorateurs se font déposer par avion sur le grand glaçon, et en voiture, Simone ! Au cœur de l'été austral, on considère en effet que novembre, décembre et janvier sont les trois mois où il est possible de survivre en autarcie sur le continent blanc. Dès la mi-janvier, les expéditions cessent, les bases ferment et on éteint les lampions jusqu'à la saison suivante. Ensuite, on entre dans le brutal, dans l'inconnu. Enfin, ce n'est pas tout à fait l'inconnu, on sait très bien ce qui se passe. À partir du mois de février, les températures déjà frisquettes sont en chute libre : –40 °C, –50 °C, –60 °C, jusqu'à ce record de −89,2 °C enregistré en juillet 1983 sur la base russe de Vostok. Et avec le souffle réfrigéré des vents catabatiques[1] dévalant les glaciers à plus de cent kilomètres à l'heure, le risque pour le promeneur égaré d'être transformé en Hibernatus s'accroît gravement.

Donc, je suis à la bourre. Chaque jour qui passe sur mon bateau immobile dans le décor pimpant de Waterfront est un jour en moins pour sortir vivant de mon défi fou. D'autant que, à l'inverse de mes homologues, je n'ai pas d'avion pour me déposer sur les côtes de l'Antarctique. J'y vais par mes propres moyens. En traversant les mers hostiles et un puzzle de glace à la voile et au moteur. J'ignore combien de temps ça va m'occuper et si *Pangaea* parviendra à slalomer entre les icebergs jusqu'à bon port.

De toute façon, ce n'est pas encore d'actualité. L'actualité, c'est qu'il manque toujours un papier, une autorisation, un improbable sauf-conduit que me réclame l'administration sud-africaine pour pouvoir hisser les voiles… J'ai beau me défouler en escaladant plusieurs fois par semaine Table Mountain, ce promontoire majestueux qui jette son ombre sur toute la baie du Cap, l'adrénaline forme une boule compacte dans un coin de mon cerveau. J'ai vraiment les nerfs en pelote.

*

Pour me consoler de mes déboires, je m'efforce de repenser à Roald Amundsen, mon héros, le premier homme à avoir rallié le pôle Sud, le 14 décembre 1911.

1. Se dit d'un vent descendant généré par une masse d'air froid longeant un relief.

Lui, ce ne sont pas les problèmes de calendrier ni les contrariétés administratives qui risquaient de le freiner ! Le récit des aventures de l'explorateur norvégien a bercé mes rêves de gamin, stimulé mon imaginaire plus qu'aucun autre. Aussi loin que je me souvienne, l'histoire de la découverte de l'Antarctique m'a toujours fasciné, presque aimanté. Ce n'est sans doute pas un hasard. Je suis né au Cap et, vous pouvez vérifier sur la carte du monde, il n'y a rien au-dessous. Que le bleu de l'océan et le blanc du majestueux continent de glace. Quand on a huit ans, ça ouvre la voie de tous les possibles.

Quand on en a cinquante aussi. J'ai toujours su qu'un jour je tenterais de réussir quelque chose d'unique dans les parages du pôle Sud. Il me fallait juste patienter jusqu'à ce que toutes les planètes soient alignées au-dessus de ma tête. Après trente ans de baroud, la guerre dans les forces spéciales sud-africaines et moult pérégrinations dans les coins les plus hostiles de la planète, la conjonction astrale est enfin là. Cette expédition sera la somme de toutes les précédentes. J'ai les connaissances d'un vieux briscard et le mental d'un jeune loup. Je me sens prêt à battre le record de la traversée de l'Antarctique. Mais pas n'importe lequel, pas n'importe comment. Un record « à l'ancienne », à la manière de mes idoles du siècle dernier, au terme d'une traversée épique, à la tête d'un équipage dévoué corps et âme. Plus qu'un exploit, je veux réaliser mon rêve d'enfant.

Au-delà de tout, j'adore la façon dont Amundsen avait « emprunté » le bateau d'un de ses collègues, Fridtjof Nansen, pour s'en aller croiser, soi-disant, depuis le port d'Oslo jusqu'au pôle Nord, alors qu'il n'avait, en réalité, que le pôle Sud en tête. Ses hommes d'équipage n'avaient appris leur véritable destination qu'à la veille du départ, mais aucun n'était redescendu à terre. Mi-explorateur, mi-pirate, Amundsen se fichait bien d'être traduit devant un tribunal par le propriétaire du *Fram* à son retour de l'Antarctique, deux ans plus tard. Rien ne pouvait venir à bout de son obstination. Ni la malnutrition, ni le scorbut, ni la folie qui frappèrent nombre de ses équipiers. La belle époque.

*

Voilà ce qui remonte à ma mémoire durant ces longues journées d'attente sur *Pangaea*, imposante silhouette grise amarrée à son ponton comme un cétacé amorphe. Il suffit que je pense à la bravoure, à la dinguerie de ces premiers explorateurs et ma motivation s'en trouve aussitôt décuplée. Qu'aurait fait Amundsen, né comme moi un 16 juillet, en pareille situation ? Je connais la réponse, mais je me donne encore vingt-quatre heures pour trancher. Franchement, ce ne sont pas un ou deux importuns un peu trop zélés qui vont pouvoir se mettre indéfiniment en travers de ma route.

En temps normal, je ne me torturerais pas avec ça. Ce sont toutes les incertitudes qui entourent mon périple, tous les risques que je m'apprête à courir qui devraient me donner des maux de crâne. Certes, je ne suis pas le premier aventurier à tenter de traverser l'Antarctique sans assistance. En 2006, le Norvégien Rune Gjeldnes l'a déjà fait, mais sur un trajet plus court que celui que j'ambitionne – quatre mille huit cents kilomètres en quatre-vingt-dix jours –, en mettant le cap, après le pôle Sud, sur la baie de Terra Nova et la station italienne de Zucchelli. D'autres encore l'ont imité, sur des distances plus modestes, comme mon ami Børge Ousland ou encore le Canadien Frédéric Dion qui, dans un bel élan de confraternité, m'a fourni ses points de passage GPS pour baliser au mieux le début de mon expédition.

Tout ce joli monde est parti, comme j'envisage de le faire, des alentours de la base russe de Novolazarevskaya. Mais personne n'a encore osé rallier la station française Dumont-d'Urville en tranchant la calotte d'une saignée presque rectiligne, quitte à affronter le terrible dôme Charlie, dit « dôme C », une montagne de glace dont le sommet sculpté par le blizzard culmine à plus de trois mille deux cents mètres.

La deuxième partie de mon périple, totalement inédite, s'annonce la plus périlleuse. Pour parvenir à mes fins, il me faudra battre le record de distance parcourue en Antarctique – cinq mille cent kilomètres en faisant grâce des zigzags – et, fatalement, le record de vitesse puisque l'imminence de l'hiver ne me laissera pas le choix.

Sur le papier, les choses sont claires. Dans la réalité, je ne sais quasiment rien de ce qui m'attend, je sais juste que tout le monde me prédit l'enfer. Je n'ai peut-être que dix pour cent des réponses à tous les problèmes qui se poseront à moi, mais, à mes yeux, c'est amplement suffisant pour me lancer dans l'aventure. Les quatre-vingt-dix pour cent restants me viendront tout seuls dans l'adversité.

J'ai toujours raisonné comme ça. C'est le mystère qui fait le sel de ma vie d'explorateur. Comment vais-je réagir ? Jusqu'où puis-je me surpasser ? « Si tes rêves ne te font pas peur, c'est qu'ils ne sont pas assez grands », m'a dit un jour mon père. C'est toujours ma devise. Le danger ne me paralyse pas, il me transcende. Et pourtant, je n'ai rien d'un surhomme. Chez moi comme chez les autres, tout se passe dans la tête. Chacun de nous possède, au fond de lui, des ressources insoupçonnées. Il suffit de savoir les dénicher sous la couche de poussière où elles dépérissent. J'aimerais bien être Superman, j'aimerais bien être doté de superpouvoirs qui me rendraient invincible. Ce n'est pas le cas. Honnêtement, dans la vraie vie, je suis nul, je ne sais rien faire… Au fond, la seule chose que je fais bien, c'est survivre.

*

C'est vrai que je suis nul. La preuve : il suffit qu'un fonctionnaire me cherche des noises pour que le « grand aventurier » qui n'a peur de rien perde ses moyens. Par des froids extrêmes, j'ai déjà prouvé que j'étais capable de sacrifier une de mes phalanges gelées d'un coup de machette. Je sais que je peux ressusciter en pleine jungle amazonienne après une morsure de serpent venimeux, tuer un caïman sans arme à feu pour me nourrir… Mais le bureaucrate tatillon, je n'y arrive pas. Je ne distingue rien dans son regard, contrairement au caïman. Je ne comprends pas dans quel monde il vit. C'est pour ça qu'avant, je laissais Cathy se dépatouiller à ma place du moindre imbroglio administratif. Elle pouvait y passer ses jours et ses nuits en y mettant les formes. Moi, au bout de dix secondes, j'ai les poings qui me démangent.

Pas plus tard qu'hier, quand j'ai vu ce responsable des autorités maritimes débarquer sur *Pangaea* pour une vérification prétendument aléatoire, j'ai tout de suite flairé le coup fourré. Je me suis dit que cet inspecteur était forcément en service commandé pour l'autre, le directeur adjoint aux affaires environnementales qui me poursuit depuis son bureau de Pretoria. Le sbire des affaires maritimes a déboulé avec une *check-list* longue comme le bras de documents à fournir, d'équipements techniques à vérifier sur le bateau. Tout autour de nous, des rafiots de pêche chinois rouillés jusqu'à la quille entraient et sortaient du port en toute impunité. Inutile d'avoir fait Polytechnique pour comprendre que cette inspection surprise n'avait été organisée que pour me mettre des bâtons dans les voiles.

Par chance, Annika et son sourire XXL se trouvent sur le bateau à ce moment-là. Cela fait déjà trois semaines qu'elle séjourne au Cap pour communiquer autour de l'expédition et m'épauler jusqu'à mon départ. J'ai toisé l'inspecteur avec sa pile de paperasse à la main et son petit rictus satisfait qui semblait dire : « De toute façon, c'est moi qui décide ce que tu as le droit de faire et, en réalité, j'ai déjà décidé… » Puis je me suis tourné vers ma fille et je lui ai soufflé : « Tu le gères ou je lui arrache la tête ! »

*

Pour comprendre comment on en est arrivés là, il faut revenir dix-huit mois en arrière, sur les bords du lac Léman. À l'époque de la fameuse discussion où mes filles m'ont offert le plus beau cadeau du monde en m'enjoignant de reprendre le fil de mon expédition en Antarctique. Quelques semaines plus tard, à la fin du printemps 2015, nous avons pris la décision de nous envoler tous les trois pour le Pakistan.

— Annika, Jess, vous savez quoi ? J'ai envie de me payer l'escalade du K2… Ça vous dit de faire un petit bout de chemin avec moi ?

— Et comment, paps ! Quand est-ce qu'on part ?

C'est comme ça que tout a recommencé et que la dynamique familiale s'est définitivement recréée. « Toi, tu t'occupes des chaussures, moi, je me charge de la bouffe… » Là-bas, Annika et Jess m'ont épaté, une fois de plus. Pas une larme n'a été versée, ni de chagrin ni de fatigue. Les filles ont marché une semaine avec moi, dans une ambiance complice et joyeuse, jusqu'au camp de base, à cinq mille deux cents mètres d'altitude. Ça nous a fait un bien fou de prendre de la hauteur. Malgré l'effort, nous avons ri et discuté comme jamais. « On ne savait pas que tu pouvais faire le clown à ce point », m'ont-elles avoué. Moi non plus.

C'est durant cette parenthèse magique que j'ai commencé à regarder mes filles différemment et que j'ai compris qu'elles avaient les épaules et le tempérament pour reprendre le rôle essentiel que jouait Cathy dans chacune de mes expéditions. Un rôle de chargée de relations publiques, de diplomate, d'ambassadrice, de chef d'orchestre… La face cachée, mais ô combien prépondérante, de toutes mes acrobaties de saute-frontières. Mes deux filles sont de la même étoffe, sauf que Jess devait encore accomplir une année d'études à Boston, contrairement à son aînée fraîchement diplômée de l'Université américaine à Paris. Annika m'a assuré que le projet en Antarctique était tellement exaltant qu'elle était prête à s'y atteler pour deux. J'ai fait semblant d'y réfléchir, mais c'était pour la galerie. Qui, mieux que mes filles, pouvait prétendre à la succession de Cathy ?

Quand je ne crapahute pas en solitaire, j'ai besoin d'être entouré par les gens qui m'aiment. Je sais que, dans tous les sens du terme, je ne suis pas toujours facile à suivre. Annika et Jess me connaissent, savent comment vivre avec ma personnalité… « Tu es une vraie noix de coco, m'a dit Jess durant notre escapade. Dur comme le bois à l'extérieur, tout tendre à l'intérieur ! » J'ai fini par leur demander si elles étaient conscientes de tous les sacrifices auxquels elles devraient consentir pour mettre leurs pas dans mes rêves. La réponse a fusé, d'une seule voix : « Paps, maintenant qu'on a commencé, on te soutient jusqu'au bout ! » Le pacte a été scellé d'un grand éclat de rire.

Cette fois, la vie avait bel et bien repris le dessus. Ensuite, les filles sont redescendues dans la vallée et j'ai tenté de rallier le sommet du K2 avec mes amis Fred Roux et Köbi Reichen. Mais la météo était vraiment exécrable et nous avons dû nous résoudre à rebrousser chemin. Qu'importe, j'avais déjà la tête dans le Grand Sud.

*

Dans les mois qui suivent, tout se passe comme sur des roulettes. En coulisses, Annika gère l'ingérable, c'est-à-dire moi et mon emploi du temps. Entre deux émissions de télé au bout du monde, trois rendez-vous à Paris et quatre avions, je peux me payer le luxe de séjourner à Sète autant que bon me semble : là-bas, *Pangaea* et mon fidèle Jacek m'attendent. Aujourd'hui, cet ingénieur polonais immigré en Suisse fait partie de la famille. Je l'ai rencontré au début des années 2000, alors que Cathy, les filles et moi habitions à Château-d'Oex, un village de montagne perdu au cœur du parc naturel de Gruyère. À l'époque, les vaches étaient encore maigres et il m'arrivait de prêter main-forte aux ouvriers qui bâtissaient les chalets. Jacek était l'un d'eux : pas très grand, pas beaucoup de cheveux sur la tête, mais un cœur gros comme ça. Avec une science du bricolage comme j'en ai rarement vu. Quand la construction de *Pangaea* a été achevée, en 2008, il était évident qu'il en deviendrait le gardien et le lieutenant, le seul maître à bord quand je ne suis pas là. Désormais, c'est sa maison.

Avec Jacek, donc, dans les eaux du port de Sète, nous refaisons une beauté à mon 4 x 4 des mers afin qu'il soit fin prêt pour son demi-tour du monde et sa balade au milieu des icebergs. Pendant ce temps-là, Annika jongle avec les obligations liées aux sponsors, les demandes d'interviews des journalistes et les premiers problèmes de logistique posés par mon expédition en Antarctique.

Ensuite, comme il faut bien que je m'occupe un peu, je mets sur pied la première étape de mon expédition géante Pôle2Pôle qui, en deux ans, me fera passer par le pôle Sud et le pôle Nord en traversant tous les continents. Ça commence au printemps 2016 quand

Pangaea quitte son port d'attache, à Monaco, direction la Namibie. Là-bas, après trois semaines de mer, je chemine à pied durant quatre cents kilomètres, seul, sans assistance, à travers le plus vieux désert du monde. Puis j'enchaîne avec un trek, sans provisions ni ravitaillement, dans les marais de l'Okavango, au Botswana.

*

À la fin août, avec Jacek, nous reprenons le large pour rallier Le Cap. C'est ici que tout finit et que tout commence. Sous le doux ciel de ma ville natale, nous allons peaufiner notre plan d'attaque de l'Antarctique et accueillir, au fil des semaines, nos dix équipiers. À commencer par mon ami Steve Ravussin, navigateur chevronné et pédagogue éminent, celui-là même qui m'a appris à traverser les océans en solitaire en faisant des ronds dans l'eau sur le lac Léman, moi qui n'avais jamais mis les pieds sur un voilier…

Parmi toutes ces retrouvailles, l'arrivée la plus marquante, ou du moins la plus cocasse, reste tout de même celle d'Annika. Début novembre, je la vois débarquer au Cap, traînant derrière elle une caravane de valises, de caisses et de malles.

— Tu comptes t'installer définitivement dans la région, ma chérie ?

— Rigole pas ! J'ai cent kilos de nourriture là-dedans. De la viande séchée, du poisson… Une bonne partie de tes rations pour l'expédition. C'était bloqué par la douane dans un entrepôt de Bâle. Je suis passée les chercher avant de prendre mon vol pour l'Afrique du Sud. D'ailleurs, ça m'a coûté une somme astronomique…

— Mais tu sais que c'est rigoureusement interdit de transporter un tel garde-manger par avion ! Tu risquais gros, là !

— Bien sûr que je le sais. Et alors ? Tu voyais une autre solution ?

La digne fille de son père.

Et le fonctionnaire, dans tout ça ? Il arrive, il arrive. Le 10 novembre, après qu'Annika a organisé plusieurs rendez-vous avec les médias sud-africains pour faire mousser mon départ imminent, le directeur adjoint aux affaires environnementales sort de l'ombre et se fend d'un e-mail courroucé. Il s'étonne auprès d'Annika que je puisse prétendre partir sous peu pour traverser l'Antarctique alors qu'il n'a délivré aucune autorisation. « Êtes-vous sûrs d'avoir tous les permis ? Si c'est le cas, je vous prierais de bien vouloir les communiquer à mon bureau du ministère… » Les permis ? Quels permis ? On a besoin d'un permis, maintenant, pour assouvir son rêve d'enfant ? Évidemment, Annika ne lui répond pas ça. Elle prend note poliment, s'enquiert des formalités qui nous auraient échappé, promet d'apporter tous les éclaircissements nécessaires… Une telle expédition nécessite que l'on produise une étude sur son impact environnemental ? Qu'à cela ne tienne : elle en fournira une où il est prouvé scientifiquement qu'avec mes quelques réserves de fuel pour allumer mon réchaud à gaz, je polluerai moins durant trois mois qu'un automobiliste coincé dans les embouteillages un jour de départ en vacances. Mais ça n'est pas suffisant. Ça ne peut pas être suffisant. En fait, le ver est dans le fruit depuis plusieurs années.

Annika comprend qu'il y a un contentieux dans le contentieux quand, dans une nouvelle salve d'e-mails réprobateurs, son interlocuteur s'agace de l'absence de réponse de Cathy à un courrier qu'il lui aurait adressé le 10 février 2015. De fait, ma femme n'a jamais eu l'occasion de lui répondre. On peut l'excuser : elle est décédée quelques jours plus tard. En recherchant dans la boîte mail de sa mère, Annika finit par retrouver la trace de cet envoi. Alerté par les prémices de mon projet de traversée de l'Antarctique, son correspondant de Pretoria laisse déjà entendre que l'attribution d'un permis risque d'être problématique tant que nous n'aurons pas répondu à ses accusations de 2008…

2008 ! Quel crime ai-je donc commis, cette année-là ? Ah ! oui… J'ai emmené une ribambelle de jeunes dans l'archipel des Shetland du Sud, au nord de la péninsule Antarctique, dans le cadre des innombrables programmes environnementaux que je mène sans rien demander à personne. Nous avons ramassé le plastique en mer, étudié la flore et la faune, et les gamins, dont Annika et Jess, ont eu le malheur de faire trempette dans un trou d'eau à marée basse sur une crique protégée de Deception Island. À leur retour, les enfants ont publié quelques photos de notre expédition sur les réseaux sociaux. Et là, la foudre est tombée. Le directeur adjoint aux affaires environnementales a bombardé cette pauvre Cathy de menaces de représailles juridiques. « Rien n'a été détruit, je ne vois pas la nécessité d'entamer une procédure », a-t-elle répondu avec le flegme qui la caractérisait. Puis l'affaire est restée lettre morte pour tout le monde. Sauf pour lui.

Pendant quelques jours, alors que je commence à tourner en rond sur mon bateau comme un fauve en cage, Annika tente encore d'amadouer le fonctionnaire. Mais ces échanges quotidiens ne mènent à rien. J'aurais sûrement dû m'inquiéter de ces histoires d'autorisation un peu plus tôt. Avec Cathy, je ne prêtais jamais attention à ces problèmes de paperasse, j'avais fini par croire que les choses se réglaient comme par magie. Après tout, l'Antarctique est le seul continent au monde où il n'y a pas de frontière à traverser. Comment envisager qu'il faille se munir d'un visa pour arpenter cette terre de glace qui appartient à tout le monde et à personne ? D'autant qu'en 2008, après la fameuse excursion sur Deception Island, j'avais continué ma route vers le pôle Sud pour y retrouver d'autres explorateurs en herbe et même le prince Albert de Monaco, toujours dans le cadre d'une opération de défense de l'environnement. Et je n'ai aucun souvenir d'un quelconque permis pour cette expédition. Bon, il est vrai que les services de la principauté s'étaient occupés de tout…

*

Dans la famille, on a souvent la même réaction face aux porteurs de mauvaises nouvelles : les trouble-fêtes, les rabat-rêves, on les ignore ! Ce n'est pas toujours judicieux. Mais la veille, la visite surprise du contrôleur des affaires maritimes à bord de *Pangaea* a agi sur moi comme un signal d'alarme.

— Quel jour on est, déjà ?

— Le 17, paps…

— Ça ne peut plus durer comme ça. Tu sais, ce type, hier, son regard suspicieux quand il lorgnait le certificat d'immatriculation brésilien de *Pangaea*… J'ai l'impression qu'ils sont capables d'inventer n'importe quel prétexte pour saisir le bateau !

— Ne t'énerve pas, paps, garde ton énergie pour réaliser ce qu'aucun être humain n'a jamais réalisé. Moi, je me demande simplement pour quelle raison l'employé d'un ministère sud-africain aurait autorité sur un citoyen suisse désireux de traverser l'Antarctique…

— Parce que nous sommes au Cap… Parce que c'était une fierté pour moi de m'élancer de ma ville natale !

— Oui, bon, ce n'est pas non plus tout noir ou tout blanc. Ce n'est pas : soit je renonce, soit je pars sans rien demander à personne. Ça peut être gris clair. J'y vais et ma fille s'occupera du permis en cours de route…

— C'est bien ça, gris clair… Je pars demain !

— Après-demain ? Demain, Jess arrive de Boston pour passer des vacances avec grand-mère. Elle est persuadée que tu as mis les voiles depuis plusieurs jours. Ça lui ferait une sacrée surprise de te voir là !

Et moi, ça me fera sacrément du bien de les avoir toutes les deux à portée d'étreinte avant de me lancer dans l'aventure. Je l'ai toujours fait lorsque je les quittais pour partir loin, mais cette fois, je ressens un besoin encore plus pressant de leur dire au revoir, de les embrasser une dernière fois. Même si elles sont fortes, elles n'ont plus que moi. C'est bien gentil de savoir enfin quand je pars… Mais qui peut dire si je reviendrai ?

*

Dans la foulée, histoire de replonger corps et âme dans l'expédition, je décide de rendre une visite au capitaine de l'*Agulhas*, un immense brise-glace amarré à quelques centaines de mètres de *Pangaea*. Le monstre d'un rouge éclatant mesure quatre fois la taille de mon bateau. J'ai l'impression que ça fait une éternité qu'il luit comme un soleil sur les eaux sombres du port. En partant à la pêche aux informations, j'ai une petite idée derrière la tête. Si, par chance, l'*Agulhas* lève l'ancre dans les jours qui viennent, je pourrai peut-être me mettre dans son sillage en approchant de la banquise. Et le pachyderme d'acier casserait la glace pour nous…

Steve m'accompagne chez notre voisin. Le vainqueur de la Transat 2001 est quand même « le » navigateur de la troupe, même s'il n'a aucune idée de ce qui le guette en Antarctique. On grimpe les passerelles, on aperçoit les machines surpuissantes, les moteurs énormes. « Tu es sûr que notre bateau n'est pas trop petit ? » glisse-t-il dans un demi-sourire. Quand on arrive sur le pont, le capitaine s'affaire dans son poste de commandement.

— Messieurs, que puis-je pour vous ?

Soudain, j'ai presque honte de ce que je vais lui dire. C'est sûr, il va me prendre pour un fou.

— Voilà, je m'appelle Mike Horn, je suis explorateur et je vais partir en Antarctique…

— Je vois qui vous êtes. Et votre avion part quand ?

— Non, non, je compte m'y rendre en bateau, le petit bateau gris, là-bas… C'est pour ça que je viens vous voir : je pensais que vous pourriez peut-être nous renseigner sur les conditions de glace… Vous ne partez pas prochainement, par hasard ?

— Désolé, mais ce n'est pas vraiment à l'ordre du jour. Tenez, vous voulez voir ?

Et là, il allume un écran sur lequel s'affichent la côte nord de l'Antarctique et l'épaisseur de la banquise quasiment en temps réel. Je sens mon cœur qui s'arrête et je m'entends dire : « Ah ! oui… C'est épais, épais… » Il confirme : « Épais, épais, épais… » La première barrière de glace qui semble infranchissable se dresse à plus de mille cinq cents kilomètres du continent proprement dit. Quelques glaçons égarés flottent même à moins d'une semaine de mer du Cap. Le capitaine lève les yeux de son écran et conclut la démonstration d'un ton professoral :

— Il y a des mois de novembre comme ça, même nous, on n'arrive pas à casser la glace et à se frayer un chemin… La seule solution consiste à attendre que l'été s'installe et que des brèches s'ouvrent. C'est ce qu'on fait. Et c'est ce que vous devriez faire car, à mon humble avis, vous ne traverserez jamais…

Je crois que dans ces moments-là, mon secret réside dans le fait que je ne connais pas le mot défaitisme. En dévalant la passerelle de l'*Agulhas*, j'ai déjà chassé de mon esprit les nuages noirs qui, depuis quelques jours, semblent vouloir ternir mon enthousiasme de rêveur. Je ne suis pas insensible aux périls qui me guettent. Je ne m'aveugle pas avec la « positive attitude » chère aux Américains : pour moi, quand le verre est à moitié vide, il n'est pas à moitié plein. Mais je suis là, je suis prêt, et je sais que sur sept milliards d'êtres humains, on n'en trouvera pas deux pour réagir à l'identique face à une situation de crise. Peut-être que je rêve, oui, mais la meilleure façon de m'en assurer, c'est d'aller sur place et de vérifier par moi-même. Pour avancer dans la vie, je change les choses que je peux changer et je me fiche des choses que je ne peux pas maîtriser. Tu ne changeras jamais l'épaisseur de la glace, la température, la force du vent. Tu ne dois pas te soucier des choses qui sont au-delà de ton contrôle. S'il faut se battre sur plusieurs fronts, je le fais, mais je n'ai aucune prise sur la météo. On doit faire avec, on doit la prendre comme elle est. Après tout, l'inconnu, c'est l'aventure. Je dis à Steve : « On oublie ça ! Il faut qu'on parte, il faut qu'on essaye… Il n'y a que celui qui essaye qui peut dire si c'est faisable ou pas. Le commandant, il parle pour lui, il a ses cartes, son expérience, sa routine : toute une batterie d'indicateurs qui lui correspondent. Mais est-ce qu'il a seulement idée de ma motivation ? Comment peut-il deviner que la difficulté, c'est le moteur de ma vie ?… »

*

Le lendemain, il y a beaucoup d'embrassades et quelques larmes vite essuyées. J'étreins ma mère une dernière fois. En m'apercevant sur le quai, Jess pousse un cri de joie qui résonne jusqu'au pôle Sud. J'agrippe les filles par les épaules et l'on reste soudés comme ça, comme un pack de rugby, pendant de longues secondes. « Vous savez, je n'ai jamais quitté la maison pour partir en expédition sous prétexte que j'aimais moins maman ou notre vie de famille. À l'inverse, c'est parce que je vous aime plus que tout que j'ai toujours trouvé la force d'en revenir vivant… »

Ensuite, j'enfile mes nouveaux habits d'aventurier en cavale. Je me rends à la capitainerie du port pour aviser le responsable que mon bateau va bientôt libérer son anneau. Je prends soin de noyer un peu le poisson, au cas où : « Une sortie en mer dans les deux, trois jours qui viennent… »

*

Et le 19 novembre, très tôt le matin, *Pangaea* s'ébroue enfin. Un soleil rasant ricoche sur Table Mountain. Le ciel est rose et bleu comme de la layette. Le bateau carrossé d'aluminium avance dans le chenal à son train de sénateur. Il passe devant le phare, aborde la pleine mer toujours au ralenti, comme s'il hésitait encore. On dirait le *Fram* d'Amundsen quittant le port d'Oslo, un siècle plus tôt, pour une destination interdite. Soudain, Steve ordonne la manœuvre et les voiles de *Pangaea* se gonflent comme des baudruches prêtes à éclater. Le bateau se cabre sous l'accélération, le vent siffle à nos oreilles.

À bâbord toute !

Cap au sud ! Direction l'Antarctique…

Et maintenant, s'il y en a que ça dérange, ils n'ont qu'à venir me chercher.

2.

Après avoir rongé mon frein si longtemps, je déguste chaque minute de notre première journée en mer. Partir en expédition n'a pas d'équivalent sur l'échelle de mes émotions. Quand j'arrive au bout, je suis content, je suis fier, mais ça n'a rien à voir avec ce frisson d'exaltation qui me parcourt l'échine depuis que nous avons quitté Le Cap. Le temps est magnifique, un vent solide, à près de quarante nœuds, nous propulse dans un geyser d'écume. Frustré par son interminable surplace, *Pangaea* se prend pour un hors-bord.

Ça me fait drôle de voir autant de monde sur mon bateau. À bord, j'ai l'habitude d'avoir mes aises. Là, chacun cherche un peu ses marques, ça se bouscule, ça ouvre de grands yeux : « Dis donc, il n'y a pas de chauffage, ça va sacrément cailler quand on sera là-bas… » Mais, très vite, le grand souffle de l'aventure balaye les petits tracas domestiques. « Un dauphin, sur la gauche, un dauphin ! » Un dauphin du Cap, oui, comme il y en a des milliers dans ces eaux-là.

Je crois que ce que je préfère dans mon équipage, c'est qu'il n'y en a pas un pour racheter l'autre. À part

Steve et Jacek, aucun n'a de compétence particulière pour naviguer dans les mers du Sud sur un bateau de trente-cinq mètres. Et même si Steve manie la barre comme un orfèvre, il ne s'est jamais aventuré sous des latitudes aussi extrêmes, là où les icebergs géants vous enserrent comme des mâchoires de cristal.

Les autres ?

Laure, la compagne de Jacek. Avant, elle était serveuse dans un bar. La première fois qu'on a hissé les voiles, elle a eu comme une révélation : « Ouah ! Qu'est-ce que c'est joli !... » Elle a deux points communs avec Jacek : la cigarette et la bière. Sinon, elle cuisine les pâtes comme personne. Je l'adore.

Il y a aussi Félix, moitié allemand, moitié chinois, et son copain suisse, Christopher. Ils sont encore étudiants. Ce sont d'anciens *young explorers*, ces jeunes que je sélectionnais après un stage de quinze jours à Château-d'Oex et qui menaient d'innombrables actions écologiques à travers le monde. Eux m'ont accompagné en bateau et à ski jusqu'au pôle Nord, il y a quelques années. Début 2016, Félix m'a passé un coup de fil :

— Hey ! Mike ! On a envie de travailler à ton service ! On sera sur le bateau, on fera tout, on ne demandera pas d'argent, on veut juste vivre une expérience de folie...

— OK, les gars. Rendez-vous au Cap en novembre.

Il y a aussi le clan des sexagénaires, avec Philippe et Édouard, deux vieux copains de Steve. Le premier possède un chantier naval à Versoix, sur les rives du lac Léman, le second est ingénieur et m'a aidé à construire des voiles pour mon kayak lors de l'expédition Arktos autour du cercle polaire arctique. Une belle bande de potes. Une belle bande de bleus, aussi, quand il s'agira de naviguer sous les cinquantièmes hurlants…

Et puis je garde une place particulière pour Arnaud. Avant d'embarquer au Cap, je ne crois pas que ce gamin avait déjà mis un pied sur un bateau. Il est le fils de Thierry Gasser, mon premier ami lorsque j'ai émigré en Suisse. Alors que je vivais d'expédients et que l'on me traitait comme un proscrit, Thierry m'a proposé de l'aider à former les guides de montagne à une nouvelle discipline, le canyoning. C'est le début de l'histoire. Il n'a pas changé mon statut social, il a changé ma vie. Alors, forcément, quand j'ai appris que son rejeton de vingt ans avait envie d'apprendre la voile et de partir à l'aventure…

Qui encore ? Dimitry, le photographe néo-zélandais qui immortalisera notre épopée, l'œil rivé à sa focale. Christopher dit « Hamburger », un journaliste envoyé par Red Bull, qui, quand il ne vomit pas, écrit, paraît-il, des articles géniaux. Et un cameraman californien, Dirk, qui a laissé du côté de San Francisco son tabac hilarant mais n'en a pas perdu pour autant sa bonne humeur permanente.

Bref, une vraie brochette de bras cassés. Des nuls, comme moi. Non, là j'exagère, parce qu'en éminent spécialiste de tout et de rien, j'ai quand même un petit CV dans le domaine de la navigation à haut risque et des froids polaires. Or, justement, quand je partage mon expérience avec mes nouveaux compagnons, j'ai l'impression que leur cerveau bouillonne, que de la fumée va leur sortir par les oreilles tellement ils sont attentifs, tellement ils se préparent à vivre une expérience inoubliable… C'est ce qui me plaît dans cette confrérie de bric et de broc. Tout le monde est là pour apprendre et c'est ainsi que naît l'émulation. Là où on va, la foi et l'humilité sont les premiers gages du succès.

Je préfère cent fois ma tribu de chics types et de gamins enthousiastes aux équipages de professionnels qui, à l'avance, savent tout sur tout. Des experts qui trimballent leur bagout et leur orgueil jusqu'au beau milieu des océans. Quand il a fallu tendre la main à Félix, Christopher ou Arnaud, je ne me suis pas forcé. Je me suis simplement mis à leur place. J'aurais tant aimé que le commandant Cousteau me donne ma chance quand j'étais plus jeune…

*

J'ai treize ans lorsque je regarde *Le Monde du silence* à la télé sud-africaine comme d'autres regardent les dessins animés. Je ne sais pas par quel miracle les documentaires du commandant Cousteau sont arrivés chez nous, mais c'est le seul programme qui m'intéresse. Je préfère rater Noël à rater un épisode. Je le vois plonger, je dis à mon père : « Je suis sûr que je peux le faire… » Je m'imagine, jeune matelot, sur la *Calypso*. Je m'endors en rêvant que je passe la serpillière sur le pont avant et qu'un scaphandrier m'interpelle pour l'aider à accrocher ses bouteilles. Un soir que je suis scotché à l'écran devant un calamar géant, mon père me dit :

— Et pourquoi tu ne lui écris pas ?

— Au calamar ?

— Non, au commandant Cousteau…

Comment n'y ai-je pas pensé plus tôt ? Je me rue sur le papier à lettres rangé dans le secrétaire de mon père et, de ma plus belle écriture, je déclare ma flamme à l'homme au bonnet. Une longue lettre en anglais pour lui dire que mon vœu le plus cher serait de faire partie, un jour, de son équipage.

Le lendemain matin, j'envoie ma précieuse missive à la fondation Cousteau, à Paris. J'ai collé tellement de timbres sur l'enveloppe qu'elle peut faire quatre fois le tour du monde. Et puis, j'attends la réponse. Pendant des jours. Pendant des semaines. Dès que je rentre de l'école, mon premier réflexe consiste à regarder dans la pile de courrier de mes parents s'il y a une lettre pour moi. En vain. Personne ne m'a jamais répondu. Ça m'a meurtri le cœur pire qu'une paire de claques d'un de mes professeurs. Sans le savoir, le commandant Cousteau venait de jeter la naïveté d'un enfant par-dessus bord. J'ai continué à me passionner pour ses films, mais je ne me suis plus jamais endormi en rêvant d'appareiller sur la *Calypso*. Je me disais : « Moi, plus tard, je construirai mon bateau et j'emmènerai des jeunes faire le tour du monde... »

*

C'est comme ça que l'idée de *Pangaea* est née. Et même s'il m'a fallu attendre d'avoir quarante ans et une réputation avérée en matière d'aventure et de défense de la planète pour pouvoir réunir les fonds nécessaires à sa construction, ce bateau reste aujourd'hui l'une de mes plus grandes fiertés. Son nom remonte aux origines de notre chère vieille Terre quand, il y a cinq millions d'années, il y avait une seule mer et un seul continent appelé Pangée, *Pangaea* en grec.

En 2008, ce sont deux cents ouvriers qualifiés issus d'une favela de São Paulo, au Brésil, qui l'ont fait naître. Avec sa morphologie massive, trente-cinq mètres sur dix, il rassemble toutes les qualités d'un 4 x 4 des océans : sa quille et son gouvernail rétractables ont été conçus pour les régions polaires, sa coque et, surtout, sa proue en aluminium, un métal plus résistant que l'acier, lui permettent de fendre la glace autant que faire se peut. Quant au plus haut des deux mâts de ce dériveur intégral, je ne voulais pas qu'il excède quarante mètres afin d'offrir un bras de levier minimal lorsque la tempête ferait rage. J'ai voulu qu'il garde sa couleur grise d'origine pour conserver son côté brut, qu'il puisse se fondre dans tous les paysages. Enfin, son intérieur est truffé d'équipements environnementaux : machines à compresser les déchets et le plastique, sondes pour analyser la pureté de l'eau et la qualité de l'air…

Grâce à la fidélité de mes sponsors, j'ai donc accompli mon serment de gamin. À bord de *Pangaea*, toute une génération de *young explorers* a découvert le monde, arpentant les mers les plus reculées pour commencer à reconstruire notre planète.

*

Au troisième jour de navigation, nous sommes encore portés par un vent de nord-ouest qui nous maintient à près de vingt nœuds sur la ligne du méridien de Greenwich, quand le bateau dont je viens d'énumérer les mérites commence à donner d'inquiétants signes de fatigue. Toutes les voiles sont hissées, le vent n'a pas molli, pourtant *Pangaea* semble entravé dans sa progression et sa moyenne tombe d'un coup. « On se traîne, là, il doit y avoir un machin coincé quelque part… » lance Laure. Un machin, oui, c'est ce que je pense aussi. Même si l'on est déjà à plus de cinq cents milles nautiques (mille kilomètres) des côtes sud-africaines, il se peut qu'un filet de pêche à la dérive se soit pris les mailles dans la quille. Édouard a relayé Steve à la barre, je lui dis qu'on va affaler les voiles et stopper le bateau pour que je puisse plonger sous la coque.

L'azur des deux premiers jours a laissé place à un épais brouillard. Je chausse les palmes, j'accroche les bouteilles. Le long du bastingage, les mines sont graves, tout le monde retient son souffle. En quarante-huit heures, des liens forts se sont déjà créés : l'équipage est soudé, tendu vers le même objectif. Il n'y a que la perspective de barboter dans une eau à 7 °C pour tempérer ma satisfaction.

J'ai demandé à Félix de laisser traîner une corde à l'arrière du bateau afin de pouvoir m'y accrocher en cas de dérive brutale. Sage précaution. J'ai à peine le temps de m'immerger que le froid m'électrocute, et ce n'est rien à côté de la violence du courant qui m'agrippe et m'expédie à trente mètres de *Pangaea* sans que j'esquisse le moindre geste ! Je me mets à crawler comme un malade, je rattrape péniblement le bateau. Puis je plonge en battant des pieds comme un champion olympique pour ne pas me laisser à nouveau emporter. Rien sous la quille ou le gouvernail. Rien autour des hélices. Rien que ce maudit courant qui, à lui seul, entrave la chevauchée de mon bolide de cent vingt tonnes.

À la limite, c'est plutôt une bonne nouvelle. À un moment ou à un autre, *Pangaea* va bien finir par s'extirper de ce bain à remous, et l'épisode ne mériterait pas qu'on s'y attarde si ce premier frisson ne survenait à point nommé. Il me rappelle que l'on a déjà basculé dans un autre monde et que la civilisation s'éloigne à la vitesse grand V.

Une fois remonté sur le pont, je me frictionne vigoureusement et cette pensée me traverse l'esprit : « Eh ! mec… Arrête de grelotter ! Cette baignade, c'est le moment le plus chaud que tu vas vivre dans les trois prochains mois… »

Avec Steve, on se penche sur les photos que nous envoie son père depuis la Suisse. Je n'ai pas le budget pour me payer des cartes satellite de la banquise comme celles du capitaine de l'*Agulhas*. Je fais avec les moyens du bord. Ce n'est ni bien ni mal. C'est comme ça. Je ne suis en compétition avec personne. Je suis en compétition avec moi-même, la nature et la survie. Bref, avec Steve, on s'use les yeux sur les clichés des sites envahis par la glace que nous adresse son père quotidiennement. Des photos basse résolution. Autant dire qu'on n'y voit goutte. Je peux juste constater que la langue de glace qui s'étend sur plusieurs centaines de kilomètres autour de la base de Novolazarevskaya paraît toujours aussi compacte. Et que les premiers îlots de banquise à la dérive semblent se balader bien au-dessus du soixantième parallèle, ce qui n'est pas spécialement rassurant. Je dis à Steve : « Tant qu'on n'est pas sur le terrain, on ne peut pas trouver de solution.

Sur les photos, on ne distingue pas les petites fissures. Et c'est à travers ces petites fissures qu'on pourra traverser… »

Ce n'est pas de l'aveuglement, j'ai vraiment confiance. En moi et en mon équipage. J'ai bien aimé la façon dont tout le monde a réagi lors de ma petite baignade improvisée, cette solidarité que j'ai ressentie autour de moi. Je n'aurais eu aucun problème à désigner Édouard ou Philippe pour plonger à ma place, je suis sûr qu'ils se seraient exécutés sur-le-champ. Certains d'entre eux ont presque l'air plus motivés que moi… C'est ce qu'il me faut. Leur foi me donne de la force. Quand ils me posent des questions sur les épreuves qui nous attendent, je leur réponds avec parcimonie, je ne les accable pas de ma science. Parfois, j'aide à la manœuvre, parfois, je me tiens à l'écart. L'alchimie fonctionne. Il a suffi d'une poignée de jours pour que la mise en condition s'opère d'elle-même et que mes équipiers s'approprient le bateau. C'est quand même le but du jeu puisque, dans une quinzaine de jours si tout va bien, je ne serai plus là pour leur tenir la main. Il faudra bien qu'ils se dé… brouillent ! Je n'ai pas envie que *Pangaea* finisse encastré dans un iceberg. Je compte vaguement sur lui pour venir me chercher de l'autre côté du grand désert blanc…

*

Les photos du père de Steve, la générosité d'Emmanuel, ce patron d'un chantier naval du Cap qui, sachant que l'anneau dans la marina de Waterfront me coûtait un bras, a offert un asile provisoire à *Pangaea* quelques semaines avant notre départ, l'enthousiasme de Dawn, une amie suisse en villégiature dans la région, tournant les vues aériennes de notre sortie du port à bord d'un hélicoptère de tourisme loué à ses frais… J'ai l'impression, et ce n'est pas qu'une impression, d'avoir usé de tous les bouts de ficelle pour boucler cette expédition à nulle autre pareille. J'ai défendu ma liberté contre des cerbères obtus mais, à chaque fois que le désespoir menaçait de m'envahir, une petite lumière a jailli au bout du tunnel. La lueur réconfortante de l'amitié. Non, je n'étais pas tout seul à croire en mon rêve…

Sinon, à bord, l'ambiance de colonie de vacances a changé du tout au tout. Finis les tongs et les tee-shirts. Après les quarantièmes rugissants, les cinquantièmes hurlants : cirés, bottes, gants et protège-oreilles de rigueur. Un ciel d'acier s'étire en rase-mottes sur l'océan. Le mercure est en chute libre et des vagues de cinq à six mètres se fracassent sur l'étrave du bateau pour nous asperger de baquets d'eau glacée. Sur le pont, je me sens comme chez moi. Plus la nature se déchaîne autour de moi, plus j'ai le sentiment d'être vivant.

On s'organise en quarts de jour et de nuit, toutes générations confondues, et ça creuse les appétits. À part Hamburger, qui ne sort pas le nez de sa cabine tellement il est malade, les gars font honneur à la cuisine de Laure. Le midi, elle nous sert des plâtrées gargantuesques de spaghettis à toutes les sauces. Le soir, on se réchauffe le ventre avec des steaks épais comme le poing, de la bonne barbaque d'Afrique du Sud qui déborde des frigos. L'estomac plein, on peut affronter n'importe quelle épreuve. Ça secoue pas mal, mais la bonne humeur règne à bord.

Après le dîner, j'entends Jacek qui rigole quand il partage une clope avec Laure sur le pont arrière. Je sais que ça ne va pas durer. Je sais qu'au premier pépin sérieux, sa mine va s'assombrir, qu'il va commencer à pester contre ses outils et la terre entière. En même temps, c'est le seul type au monde capable de réparer un moteur avec un tournevis et deux bouts de ficelle.

*

Le cinquième jour, la mer est parsemée de petits glaçons irisés qui se dandinent au fil de l'eau. À peine de quoi rafraîchir l'apéro, mais c'est le signe avant-coureur que la banquise se croit encore en plein hiver.

Le lendemain, ça ne rate pas : on croise notre premier iceberg. Il fait presque minus à côté de *Pangaea*. Il est tout moche, tout gris, mais chacun est là à s'extasier et à le prendre en photo sous toutes les coutures : « C'est génial ! Regarde, il est taillé comme un diamant... » Moi, je ne trouve pas ça génial du tout. On a passé la première moitié du voyage mais il reste plus de mille huit cent cinquante-deux kilomètres (mille milles) avant de rallier la terre promise. Devant nous, il n'y a plus que de la glace. De la glace et un peu de mer. C'est trop tôt, trop loin. Le capitaine de l'*Agulhas* avait raison : rallier l'Antarctique dans ces conditions est sans doute une chimère... Mais moi, j'ai mes raisons que la raison ignore. Je sais que si je n'étais pas parti à ce moment-là, je ne serais sans doute plus jamais parti. Quand le rêve d'une vie est en passe de devenir réalité, il faut s'y accrocher de toutes ses forces. Il n'aura pas de nouveau l'occasion d'être concrétisé.

Le seul avantage de naviguer dans ces eaux réfrigérées, c'est que le bateau a cessé de tanguer sous les coups de boutoir de l'océan. On a beau filer vers les soixantièmes mugissants, la mer semble presque aussi plane que le lac Léman. La glace calme la tempête. Le vent ricoche contre les icebergs, dérape sur les premiers tronçons d'eau gelée et finit par s'essouffler.

Après une courte nuit de quatre heures – la brièveté de ces plages d'obscurité est à peu près le seul signe que nous sommes au cœur de l'été austral –, la banquise est déjà là. Un gigantesque puzzle de blocs de glace à la dérive s'étend à l'infini devant *Pangaea*, parsemé de quelques trouées d'eau libre. J'observe Steve qui a pris son quart à la barre. Il mène le bateau tout en finesse, comme un régatier professionnel. Dès qu'un morceau de glace apparaît dans son viseur, il se lance dans de patientes manœuvres pour le contourner.

*

Ce matin-là, j'attends que tout le monde émerge de sa couchette et, pour la première fois depuis notre départ, je convoque l'équipage au complet sur le pont. Je demande aux jeunes de m'aider à affaler nos dernières voiles, je fais vrombir les deux moteurs de cinq cent cinquante chevaux à l'arrière du bateau. « Bon, les gars, maintenant on est dans la glace, c'est comme ça que ça va se passer ! » Et crac ! Je fracasse le premier bloc de glace qui se présente sous notre proue. Droit devant ! Sans tortiller du gouvernail ! Un bruit de vitrine brisée déchire le silence immobile de l'océan, suivi d'un sifflement admiratif de Hamburger qui, pour l'occasion, est venu assister au spectacle : « Yeah ! *Man*... » Ensuite, j'expose les nouvelles règles du jeu : « À partir de cette minute, on oublie les appareils photo et le décor majestueux qui nous entoure. On va poster des gars en haut du mât, sur la troisième barre de flèche, pour repérer les étendues d'eau libres de glace. Les autres jaugeront chaque obstacle qui obstrue le passage et évalueront les risques d'endommager le bateau. On laisse tomber les "C'est joli !" et compagnie... Ce n'est plus le sujet. Désormais le sujet, c'est : danger mortel ou non ? »

3.

Ça y est, Jacek ne rigole plus. Il court sans cesse aux quatre coins du bateau, s'affaire du matin au soir. Depuis que l'on chemine dans les glaces, il a de sacrées responsabilités sur les épaules. Au Cap, avec tous les contretemps que j'ai subis, et faute de moyens encore, je n'ai pas pu remplir les réservoirs de *Pangaea* avec le carburant spécialement conçu pour la navigation en Antarctique, celui qu'utilisent les brise-glace par exemple : un gasoil traité pour rester liquide jusqu'à –30 °C. Nous, on a fait le plein classique, avec du fuel lambda qui se fige dès que le thermomètre descend sous les –5 °C. Du coup, il faut le maintenir en mouvement en permanence, le pomper à travers les moteurs pour qu'il se réchauffe, le transférer d'un réservoir à l'autre pour qu'il ne se transforme pas en soupe épaisse. Jacek s'en charge avec son dévouement habituel et il passe ses journées à nettoyer les filtres.

En même temps, on ne va pas se plaindre d'avoir les cuves remplies à ras bord. D'autant que je n'y suis pas pour grand-chose. C'est un ami d'ami qui a gentiment contribué à ce qu'elles soient pleines : Mike Savary, patron d'une compagnie d'aviation privée, grand pote de Fred Roux qui est son guide de montagne. Je m'étais bien gardé de lui demander quoi que ce soit, naturellement. Mais quand il a appris que financièrement, j'étais un peu dans la dèche, c'est lui qui est venu vers moi. « Mike, ce que tu t'apprêtes à faire est extraordinaire, je voudrais t'offrir un cadeau... » Va pour le gasoil, alors, même si ce n'est pas le plus adapté... Un petit plein à vingt mille euros, tout de même.

On ne va pas se plaindre, non. Et pourtant, depuis que l'on slalome en force au milieu des monceaux de banquise à la dérive, je ne ferme quasiment plus l'œil de la nuit. Avec le froid et ces longues heures debout à faire le guet sous la neige qui tombe en continu, la fatigue m'envahit déjà. Mais ce n'est rien. Ce n'est rien en comparaison de ce que je vais endurer plus tard. Pour l'heure, je vis des moments confortables. Tant que je suis sur le bateau, il y a plusieurs options qui s'offrent à moi. On va tout droit ? On bifurque un peu ? On attend que ça bouge ? Jusqu'à l'éventualité, pourquoi pas, d'un hypothétique demi-tour... Mais quand je me retrouverai seul sur les glaciers, il n'y aura plus d'option, plus de retour en arrière envisageable. Ce sera marche ou crève. Alors, je continuerai à marcher.

Il n'y a que comme ça que l'on peut réaliser ce qui, prétendument, n'est pas réalisable. Dans la vie, souvent, on a tendance à se ménager des portes de sortie. Dès que ça devient dur, on renonce. Je ne renoncerai jamais. Par conviction. Et parce que je ne m'en laisse pas le choix. Lorsque j'ai mis sur pied l'expédition, tout le monde me conseillait d'organiser un plan de sauvetage minimal en entreposant du fuel tous les six cents milles. En cas de malheur, un Twin Otter, ces petits avions bimoteurs utilisés par les équipes de secours, aurait pu se ravitailler, disposant ainsi d'une autonomie suffisante pour venir me chercher. Je ne l'ai pas souhaité. J'ai refusé tout net. Ce n'est pas ma philosophie d'embringuer les autres dans mes aventures pour bénéficier d'un filet de sécurité. J'assume, seul, mes responsabilités et ma part de risque. Il n'y a que comme ça que je me sens libre. C'est le prix à payer.

Après, il y a des bonnes volontés que je ne peux pas décourager. Quelques semaines avant le départ, Tony Buckingham, un homme d'affaires britannique, marin et plongeur accompli, un ancien militaire comme moi, et surtout un ami, m'a appelé :

— Mike, il faut que tu saches que s'il t'arrive quoi que ce soit, je saute dans mon avion et je viens te récupérer !

— Ça me touche, Tony, ça me touche vraiment… Mais rien n'a été mis en place et…

— Chut ! C'est moi qui décide. Et je ne te laisserai pas tout seul sur la glace en mauvaise posture !

Je n'ai pas osé le contrarier davantage. En fait, lui comme moi, nous savons très bien que le temps qu'il arrive au beau milieu de l'Antarctique, il ne pourra rapatrier que ma dépouille…

*

Soudain, au neuvième soir du voyage, la situation se complique. *Pangaea* est pris au piège. La glace le cerne, escalade ses flancs en émettant des craquements sinistres. La banquise l'emprisonne dans sa lente dérive. Je saute sur la patinoire géante et tente d'évaluer l'épaisseur de la couche de glace sur laquelle le bateau semble trôner comme une maquette géante. À la torche, j'essaye de distinguer une microfaille qui nous permettrait de nous faire la belle, à l'avant ou même à l'arrière, quitte à rebrousser provisoirement chemin. Rien à faire : la glace a resserré son étau.

C'est un moment assez surréaliste que de marcher ainsi sur l'océan, au milieu de nulle part. Sous mes pas, il n'y a que cette pellicule de glace et la nuit noire des profondeurs, trois mille mètres de fond, peut-être plus… Mais je n'ai pas le temps de me regarder faire. Sur le pont, j'entends déjà Félix et Arnaud qui se lamentent : « On ne perce plus, là ! On n'avance pas, on recule… »

Je regrimpe sur le bateau et je fais mon possible pour enrayer la sinistrose en forçant un peu le ton du type qui sait où il va. J'annonce qu'on va couper les moteurs. « On éteint tout pour la nuit ! Inutile de gaspiller du fuel pour que dalle. Ce soir, ce n'est pas nous qui décidons, c'est l'Antarctique. Demain sera un autre jour : peut-être que la glace aura bougé… »

Savoir faire preuve de patience… Pour aller vite dans ces parages, il faut savoir se hâter lentement. Dans les heures qui suivent, je ne dors pas beaucoup. En fait, je ne ferme pas l'œil. Je suis au garde-à-vous sur le pont. J'épie le moindre souffle de vent, le soupir le plus infime de la glace. Car il n'y a que le vent et les courants pour faire bouger la glace. L'océan ondule imperceptiblement, la banquise travaille, les blocs givrés se morcellent, s'entrechoquent, relâchent leur étreinte… Et c'est comme ça qu'une grâce céleste nous libère de notre prison cette nuit-là. Et celle d'après aussi, puisque, au terme d'une brève euphorie qui nous a vus parcourir une cinquantaine de milles en remontant un étroit chenal aux rives de polystyrène, la banquise s'est à nouveau refermée sur nous. Rebelote ! Coincés, foutus pour la nuit. Cette fois, Steve n'attend même pas mes consignes :

— Qu'est-ce qu'on fait, Mike ? On éteint tout et dodo ?…

— On éteint tout et on se tape un bon steak !

Ensuite, tout se passe comme si l'horizon se débouchait d'un coup d'un seul. Enfin, façon de parler puisque la bonne nouvelle m'apparaît, le lendemain, sous la forme d'un amas de nuages noirs se découpant dans cette perspective laiteuse où le ciel et la banquise se confondent à l'infini. Je connais ce phénomène, je sais ce que ça signifie. Le commandant du brise-glace m'en avait parlé entre deux sentences de rabat-joie. Il avait pointé son doigt sur la carte et il avait dit : « Avec de la chance, vous pouvez trouver un bon point d'entrée dans ce coin-là, parfois l'eau y est un peu plus chaude… » On y est presque. En fait, ce ne sont pas des nuages noirs qui pointent devant nous, c'est juste la mer qui se reflète dans un ciel d'ivoire. Une portion d'océan libre de toute glace sur des dizaines, voire des centaines de milles… Je déboule à fond dans la cambuse où les autres sont en train d'avaler leur café : « C'est là, les gars ! C'est là ! On démarre les moteurs et on trace vers ces nuages noirs… »

*

Les deux jours qui suivent, la bonne humeur et un soulagement provisoire prennent leurs quartiers à bord. *Pangaea* file à dix nœuds de moyenne et la pâle lumière de l'été nous permet de naviguer quasiment non-stop sans crainte de heurter un morceau de banquise égaré. Certes, je trouve que l'on ne met pas assez d'est dans notre cap pour rallier Novolazarevskaya, mais je garde toujours l'espoir de redresser la situation un peu plus tard. C'est si bon de sentir à nouveau les embruns fouetter son visage. En vingt-quatre heures, on abat plus de distance que les trois jours précédents. Et on remet ça le lendemain, tout en sachant qu'une nouvelle barrière de glace va bientôt se dresser sur notre route. Du massif, cette fois. Un véritable mur d'enceinte presque accolé au continent.

*

Aujourd'hui, *Pangaea* a franchi le cercle polaire antarctique qui se situe sur le soixante-sixième parallèle. Pour repère, les marins du Vendée Globe les plus audacieux franchissent rarement le cinquante-cinquième parallèle. Et nous devons encore descendre sous 70° de latitude sud… Comment déterminer le bon angle d'attaque pour accoster au plus près de Novolazarevskaya ? Comment être sûr de prendre la juste décision ? Au moment d'aborder la partie la plus critique de notre traversée, celle où la banquise, qui est, rappelons-le, de l'eau de mer gelée, va faire la jonction avec les *ice-shelves*, littéralement les « plates-formes de glace », extensions flottantes des glaciers du continent, je sais que la moindre erreur de jugement finira par se payer comptant. Or, je dois à tout prix l'éviter, car, même si nous avons vogué bon train, je n'ai pas rattrapé une once de mon retard accumulé au Cap. Nous sommes le 3 décembre. Dans l'idéal, si tant est que l'idéal existe par ici, je devrais déjà avoir chaussé mes skis depuis plusieurs jours.

Ne pas céder à la précipitation. Garder la tête froide. « *Knowledge is power* », avait coutume de répéter ma mère, enseignante en économie, quand j'oubliais de faire mes devoirs pour jouer avec les copains et entraîner mon chien Tipi à sauter des obstacles de près de deux mètres. « La connaissance est le pouvoir »... Cette devise est plus que jamais d'actualité. Je ne suis expert en rien mais j'ai pas mal bourlingué et, surtout, j'ai beaucoup lu. Enfant, je ne me suis pas seulement identifié à Amundsen, j'ai dévoré tous les récits des héros et des martyrs de la « conquête des Pôles ». Charcot, Nansen, Scott, ce pauvre Scott qui a péri, ainsi que tous ses hommes, épuisé de froid et de désespoir après avoir découvert qu'Amundsen l'avait devancé de un mois au pôle Sud. Sans oublier sir Ernest Shackleton, dont le navire fut englouti par les glaces de l'Antarctique en 1915. Je me rappelle encore la phrase que le capitaine de l'*Endurance* avait prononcée devant son équipage, au soir du naufrage : « Messieurs, le bateau a disparu, on rentre à la maison ! » Ce qui fut fait après six mois d'un combat dantesque contre l'hiver et la famine.

À chaque fois que *Pangaea* est assailli par la banquise, je repense à sir Ernest. Je revois les petits croquis dont il avait parsemé son carnet de bord pour expliquer comment son bateau avait fini broyé par les blocs de glace. J'essaye de reprendre à mon compte son flegme et sa volonté sans faille. Un siècle plus tard, tout a changé mais rien n'a changé. On envoie des sondes dans l'espace, les ailes de ski-kite[1] ont remplacé les chiens de traîneau et les poneys de Mandchourie, mais l'homme reste l'homme, la glace reste la glace. L'Antarctique, avec ses sortilèges, reste l'Antarctique.

*

Désormais, l'océan n'est plus qu'un labyrinthe. Perchés à trente mètres de hauteur, les trois gamins de l'équipe scrutent consciencieusement l'horizon, emmitouflés jusqu'aux oreilles, masque de ski sur le visage. Mais leur regard rebondit à l'infini sur un miroir de glace. Parfois, le bateau culbute ces écueils comme des quilles de bowling. La plupart du temps, il cogne contre un mur. Des icebergs de la taille d'un immeuble nous toisent en silence. Les obstacles sur notre route sont de plus en plus imposants. À chaque fois que nous percutons un bloc de glace, *Pangaea* vacille comme un boxeur sonné. Mais il repart toujours au combat. Il lui arrive même de jouer au bateau tamponneur, sous la poigne habile de Steve, en propulsant devant lui un premier bloc de glace pour mieux en écarter un deuxième. À l'aide d'un piolet, j'essaye d'éliminer les congères qui se figent le long de la proue et menacent à chaque instant de nous prendre en otage. On est loin de Moïse ouvrant les eaux de la mer Rouge, mais nous progressons tant bien que mal

1. Pratique qui consiste à se faire tracter à ski par un cerf-volant.

d'une cinquantaine de kilomètres par jour. Forcément, tout cela a un prix.

*

Avant-hier, il a fallu stopper le bateau pendant presque vingt-quatre heures. J'ai beaucoup pensé à sir Ernest à ce moment-là, parce que la banquise nous assiégeait de toute part et qu'une voie d'eau s'était déclarée au niveau du gouvernail. À bord, personne n'en menait vraiment large. Un peu plus tôt, la proue de *Pangaea* avait été soulevée d'au moins trois mètres par un bloc de glace et, quand le bateau était retombé de tout son poids, il avait émis un gémissement de chien hurlant à la mort. Sûrement qu'on avait voulu forcer un peu trop notre destin. Résultat : pistons hydrauliques pétés, axe du gouvernail pivotant en charpie.

Il a fallu bricoler ça avec Jacek et les moyens du bord. On a ouvert les pistons, ce n'était pas beau à voir. Par miracle, Jacek avait emporté des tubes en acier dans son bagage et il a réussi à remplacer le système, même s'il ne faut pas être trop regardant sur la finition. Il a dit : « Il me reste une paire de tubes, faut pas casser plus ! » Ensuite, on s'est attaqués au gouvernail, et ç'a été un sacré morceau de bravoure. Ça nous a pris une éternité, la nuit commençait à tomber, le mercure aussi. Jouer au mécano par –10 °C, il y a mieux pour la rigolade et la précision du geste.

Durant des heures, on s'est échinés à remettre le gouvernail d'aplomb et à percer la carapace de *Pangaea* pour visser des plaques en alu et reconstituer une structure étanche. Déjà, dans un atelier, ce n'est pas évident, mais là, dans notre congélateur, sans poste de soudure… Et le bateau qui, sous la pression ininterrompue de la glace, penchait, penchait… Encore un peu et il fallait s'attacher en rappel. Bref, on a râlé, découpé, vissé, dévissé, redécoupé, rerâlé. Jusqu'à ce que Jacek prononce la phrase qu'il finit toujours par prononcer à un moment ou à un autre : « Bon, bah, ce coup-ci, je crois que ça va tenir… » Il était plus de deux heures du matin. Je me suis retenu pour ne pas lui sauter au cou et l'embrasser.

*

Tout à l'heure, Steve a reçu une nouvelle photo envoyée par son père. Ça a beau être de la mauvaise qualité, il faut être aveugle pour ne pas distinguer le point noir qui se situe juste au-dessous de notre position. Je dis à Félix, juché sur son perchoir, de river son regard au sud. Et, au bout d'une heure ou deux, on l'entend s'époumoner : « L'eau libre, l'eau libre !… » On fonce à travers ce large corridor le long duquel une guirlande d'icebergs nappés de neige semble monter la garde. On n'en a encore jamais croisé de si majestueux. La mer est si claire que leur partie immergée scintille sous l'eau comme un néon bleuté. *Pangaea* parcourt quelques dizaines de milles à cinq, six nœuds de moyenne. Mais, contrairement aux journées précédentes, je ne mets presque pas le nez dehors. Je passe la journée à mettre de l'ordre dans mes affaires, à trier mes rations de nourriture, et je commence à préparer mon matériel.

Je sais que la fin du voyage approche. Il m'a suffi d'apercevoir ces icebergs « tabulaires », taillés comme des falaises – certains peuvent même atteindre la taille d'un département français, comme celui qui, sous l'effet du réchauffement, s'est détaché de la péninsule Antarctique à l'été 2017 –, pour comprendre que nous sommes à proximité immédiate de l'*ice-shelf* de Lazarev. La bonne nouvelle, c'est qu'à l'abri de cette ceinture de glace le sixième continent se trouve presque à portée de main. La mauvaise, c'est que nous sommes toujours beaucoup trop à l'ouest et que, désormais, rallier la base de Novolazarevskaya reviendrait à vouloir remonter une autoroute à contresens.

Nous progressons pendant près de soixante-douze heures en zigzag, à tâtons, trois pas en avant, deux pas en arrière, dans une glace de plus en plus compacte. À chaque fois que *Pangaea* est pris en tenaille, le courant le ramène inexorablement vers l'ouest. Nous créons des brèches qui se referment aussitôt sur nous comme du ciment. De temps à autre, *Pangaea* parvient encore à s'ébrouer dans un bassin d'eau libre, mais ma préoccupation n'est plus tant de progresser que de dénicher une plate-forme de glace dont je puisse être certain qu'elle est reliée au continent afin d'y accoster. Toutes les cinq minutes, j'ai envie de dire à Steve : « Il faut qu'on s'arrête ici, il faut que je monte sur les icebergs pour voir s'ils sont connectés à l'Antarctique… »

*

Puis, au matin du 9 décembre, alors que nous sommes quasiment encalminés depuis la veille, j'aperçois au loin deux minuscules taches noires sur la glace. J'attrape ma paire de jumelles : deux manchots empereurs en train de couver leur progéniture. Ça fait tout de suite *tilt* ! Je me dis : « Eux, c'est sûr, ils ne vont pas mettre leurs bébés sur de la glace qui dérive. S'ils sont là, ça veut dire que c'est solide et stable… »

Je réunis tout l'équipage pour lui annoncer qu'en dépit de nos efforts on est arrivés à un stade où la glace ne cassera plus. « C'est le terminus, les amis ! Ça fait tout juste trois semaines qu'on est partis. On va essayer d'attacher le bateau là-bas, là où il y a les deux points noirs. »

Ensuite, je redescends dans ma cabine pour calculer la distance qui nous sépare de mon point de départ présumé : deux cents kilomètres ! Avec tout ce retard accumulé, ça commence à faire beaucoup de cailloux dans mes chaussures. Et je suis encore loin d'avoir enfilé ma paire de skis. Nous avons voyagé au bout du stress et de la fatigue et pourtant le rideau vient à peine de se lever sur l'aventure immense qui m'attend depuis si longtemps.

Avant de m'y lancer, il faut que je reprenne des forces, que je teste la fiabilité de mon matériel en situation réelle… Du retard, encore et toujours. Mais je n'ai pas envie de refaire l'histoire. Pas une seule seconde je ne regrette de ne pas m'être fait déposer en avion pour effectuer ma tentative de record. Comment pourrais-je regretter de me retrouver dans la peau de mes héros d'enfance ? Ce que je suis en train de vivre, je rêve de le vivre depuis l'âge de huit ans. Ma motivation est intacte. Dans quatre jours, tout au plus, je serai comme un homme neuf.

On se rend tant bien que mal jusqu'à notre point de mouillage et, avec l'aide d'une barre à mine, on creuse la glace pour y incruster l'ancre de *Pangaea* le plus solidement possible. C'est toujours incongru de ne pas jeter l'ancre de son bateau au fond de la mer, c'est un peu comme piloter une voiture amphibie ou faire du ski à roulettes. Autour de moi, les visages de mes compagnons sont encore un peu hagards. Personne ne sait s'il doit se réjouir d'être arrivé ou se lamenter d'avoir échoué si près, si loin du but. Je sens que c'est le moment d'improviser un petit laïus : « Les gars, je suis fier de vous et on peut vraiment tous être fiers de nous ! Malgré tout ce qu'on a pété, toutes ces nuits où on a été coincés, tous les zigzags, tous les demi-tours qu'on a faits, on a réussi à aller jusqu'au bout du chemin, jusqu'au bout de nous-mêmes… » Je vois dans les regards de mes compagnons que le doute est en train de laisser la place à l'émotion. Les larmes ne sont pas loin. C'est à cet instant précis que Laure s'écrie : « Et puis, c'est quand même trop beau comme endroit ! On va l'appeler la "plage Mike-Horn"… »

*

Les quatre jours qui suivent, je passe mon temps à éprouver la solidité de mon matériel et à emmagasiner le plus de sommeil et de calories possible. Je teste l'efficacité de mes cerfs-volants de toutes les tailles et de toutes les couleurs sous l'œil étonné des manchots empereurs. Enfin, leur efficacité, je la connais, je l'ai éprouvée maintes fois à la belle saison dans les pâturages de Château-d'Oex. Mais c'est une chose de mettre au point sa routine dans l'herbe grasse, sous la caresse d'un soleil d'été, et c'en est une autre d'aligner des dizaines de mètres de ficelle et de faire décoller sa voile avec le blizzard qui vous aveugle et les mains congelées. Là où je vais, la vie peut se jouer sur les moindres détails, en quelques fractions de seconde. Je ne dois rien laisser au hasard. Je dois être aussi discipliné qu'un robot.

Je vérifie chaque cordage, chaque mousqueton. Avec Philippe et Édouard, je modifie le réglage de mon harnais. Je peste contre la douane sud-africaine qui m'a privé de certaines caisses de matériel en les retenant trop longtemps. Toutes les incertitudes, autant dire le joyeux bordel, qui ont présidé à mon départ n'ont pas aidé aux tâches administratives. Comme je vivais sur le bateau, un coup dans la marina, un coup dans le chantier naval d'Emmanuel, j'ai fini par donner l'adresse de ma mère, à Stellenbosch, pour réceptionner mon équipement. Ça n'a pas simplifié les choses. Même si Annika a accompli des miracles, les contretemps de dernière minute se sont accumulés. Mon matelas isolant garni de plumes d'oie étant retenu par les douanes, j'ai bien cru que je devrais dormir sur un vulgaire tapis de gymnastique, une simple natte de yoga achetée dans un magasin de sport. Mais Dawn, mon amie suisse, m'a sauvé de ce mauvais pas en dégotant un matelas d'alpinisme d'occasion qu'elle a emporté avec elle depuis Genève. Dans l'adversité, la solidarité de mes proches et d'une poignée de fidèles est toujours survenue à temps pour ranimer la flamme qui commençait à vaciller. C'est comme Steve. Sa science de marin et son caractère bien trempé ont vite balayé les quelques craintes que je pouvais nourrir en lui confiant le statut empoisonné de seul maître à bord après mon départ.

Au beau milieu d'un océan de glace, il tient la barre d'une main de fer. Et je n'ai pas mis longtemps à jauger sa trempe de capitaine.

— Steve, avec ce bateau, il ne faut pas mettre les voiles au milieu, il faut les mettre devant car c'est comme ça qu'il est équilibré.

— Compte pas sur moi, c'est de la connerie !

— Bon, d'accord, fais comme tu veux…

À titre exceptionnel, je n'ai eu aucun problème à baisser la garde. Ce gars-là est un super marin, un mec direct, une vraie tête de mule. Bref, que des qualités.

*

J'ai décidé de laisser à bord de *Pangaea* un quart de mes rations de nourriture. J'en emporterai pour quatre-vingt-dix jours, ma luge de deux cent cinquante-six kilos pèse bien assez lourd comme ça. Au-delà de cette durée, si je suis encore en vie, je me nourrirai de phoques. Je l'ai déjà fait en Sibérie. Les ours tuent les phoques pour se délecter de leur graisse et toi tu manges la viande. Ça cale bien. Il n'y a pas d'ours en Antarctique mais, s'il le faut, je chasserai mon gibier moi-même.

En fait, l'essentiel de mon paquetage – vêtements, tente, duvet, réchaud… – est identique à celui de ma dernière expédition polaire, en 2008. La seule véritable hésitation a concerné mes chaussures. Défaire un lacet dans la vie courante est un geste anodin, mais par –40 °C, c'est tout un bazar qui vous oblige à monter la tente, puisque j'ai pour règle absolue de ne pas enlever mes moufles à l'extérieur, sauf urgence vitale. Or mes chaussures de ski-kite, trop rigides, ne sont pas adaptées à la marche en peaux de phoque[1], et réciproquement. Si je saute d'une discipline à l'autre plusieurs fois par jour, je vais passer mon temps à monter et démonter ma tente… L'équipementier suisse Dahu Sports a donc conçu spécialement pour moi une paire de chaussures de ski polyvalentes avec, à l'intérieur de la coque, un chausson plus souple, muni d'une semelle pour la marche. Un vrai bijou me permettant d'alterner mes deux modes de locomotion d'un simple clic. J'ai pesé le pour et le contre jusqu'au dernier moment. Mais les fixations m'ont semblé trop lourdes pour mes skis. Finalement, j'ai opté pour mes anciens croquenots.

Durant ces quatre jours, on s'est bâfrés comme des goinfres. Surtout moi. On a fait une razzia sur toutes les cochonneries qui traînaient à bord du bateau, les cacahuètes, les chips, le saucisson, on a dévoré d'énormes gamelles de spaghettis dégoulinant de fromage. Et on a trinqué une fois ou deux en entamant la réserve de whisky d'Édouard. Avec Steve, on a vérifié et revérifié la façon dont ils allaient s'y prendre pour rapatrier le bateau en Australie avant de revenir me chercher à la base Dumont-d'Urville. La routine. Après tout ce que nous venions de traverser, je savais que je pouvais lui laisser les clés de *Pangaea* comme s'il s'agissait de ma première mobylette, ou presque.

*

1. Pratique du ski de randonnée avec un dispositif synthétique collé sous les skis permettant d'évoluer en montée.

Le 12 décembre, on est partis avec toute l'équipe pour faire une reconnaissance. Avec un système de câbles et de poulies, on a descendu le traîneau et mon matériel sur la glace. Pas moins de deux quintaux et demi au total. Je l'ai accroché à mon harnais, j'ai chaussé mes skis avec les peaux de phoque et j'ai voulu m'avancer en éclaireur. Mais la petite troupe ne l'entendait pas comme ça. L'ambiance était aussi survoltée qu'un jour de première et chacun a voulu se mettre à ma place en essayant de tracter mon fardeau sur quelques dizaines de mètres. Christopher a réussi à faire trois pas en émettant des râles de supplicié. Avec Félix, la luge a à peine bougé. « Mais, c'est un truc de dingue, ton expédition ! » Sûrement un peu, oui. Après ça, Arnaud, Félix et Christopher s'y sont mis à trois pour tirer la luge. Puis j'ai repris les commandes de la caravane. Les autres me suivaient à pied. À dix minutes de marche du bateau, on a déniché une petite rampe neigeuse qui me permettait de me hisser avec tout mon barda sur la crête de l'*ice-shelf*, environ soixante mètres au-dessus du niveau de la mer. On a continué de s'aventurer sur la plate-forme de glace, les gars faisaient des vidéos et des photos, c'était sympa, sauf que, moi aussi, j'avais la sensation que mon traîneau était lesté de plomb. Mais je ne m'en suis pas vanté.

Peu de temps après, il s'est passé un incident. Steve, qui avait l'œil rivé à l'objectif de son appareil, s'est cassé la figure dans une crevasse. Une minicrevasse. J'étais une centaine de mètres devant tout le monde, j'ai juste entendu son cri. Arnaud l'a sorti de là en lui tendant son bras. Plus de peur que de mal. N'empêche, ça a refroidi l’atmosphère. Tout le monde tirait une drôle de tête. J’ai dit : « C’est bon, j’en ai assez vu, on rentre… »

Le soir, on a festoyé une dernière fois et Laure m’a offert un cake aux olives encore fumant pour égayer mon repas de Noël. Ça m’a ému plus que je ne l’aurais voulu.

4.

Maintenant, il faut que tout aille vite. J'ai envie de les voir partir pour me retrouver seul. C'est à la fois un déchirement et une libération. Plus vite je serai dans mon expédition, moins les premiers pas me feront mal. Les vents sont mauvais – en fait, il n'y a pas de vent du tout –, mais j'y vais quand même… Quelle heure est-il ? Déjà dix heures du matin. Bon, ben, voilà, je me serai lancé dans l'aventure le 13 décembre à dix heures du matin. Rien de plus, rien de moins. Pas de boule à l'estomac, surtout pas.

Dans mon dos, je sens encore leurs regards et leur chaleur. Je remonte la « plage Mike-Horn » en tirant mon traîneau puis je me hisse lentement au sommet de l'*ice-shelf* par le petit chemin neigeux. Quelques applaudissements maigrelets s'envolent dans un ciel blanc. Tout devient si fragile, si insignifiant face à une telle immensité.

Je dois d'abord arpenter la plate-forme de glace sur près de deux cents kilomètres avant de rallier les premiers contreforts du continent et les montagnes de la Reine-Maud. Avec mes ailes de cerf-volant, ce serait quasiment du gâteau, mais il n'y a pas un souffle. Ce matin, il fait presque doux, aux alentours de –5 °C. Même si le soleil s'élève péniblement au-dessus de l'océan, il crée un phénomène d'évaporation qui fragilise la fine couche de neige qui s'est déposée sur la glace durant la nuit. Je plante mes bâtons d'un geste décidé, je mets mes skis bien parallèles.

Un premier pas, puis un deuxième. Bon sang ! Que mon traîneau est lourd… Encore plus lourd qu'hier. Mon harnais m'arrache les côtes. La neige qui s'est transformée en une sorte de soupe trop épaisse aspire les patins de ma luge. Avec cette résistance supplémentaire, il faut bien rajouter un quintal à ses deux cent cinquante-six kilos d'origine. J'ai l'impression de tracter un train de marchandises à la force des jarrets.

Chaque centaine de mètres gagnée est un combat. Je suffoque sous l'effort. Sous mon blouson coupe-vent, c'est un sauna. Je devine qu'il me faudra presque une heure pour abattre mon premier kilomètre. Il m'en restera alors cinq mille quatre-vingt-dix-neuf à parcourir. J'ai besoin de réhabituer mon corps à l'effort, de décontracter mes muscles à intervalles réguliers. Je regarde derrière moi pour évaluer ma progression de fourmi. Au loin, j'aperçois *Pangaea* qui s'éloigne en glissant sur une mer de glace. L'espace d'un instant, mon cœur se serre, j'ai comme un début de vague à l'âme. C'est une voix d'enfant, soudain, qui me tire de là : « Ne te retourne plus, Mike ! Regarde devant… »

*

Les deux premiers jours de mon expédition ressemblent à un film d'action au ralenti, une épreuve de force de tous les instants. Il fait beau, même pas froid puisque je ne suis pas encore trop loin du niveau de la mer – un petit –10 °C, c'est quasiment la canicule dans ces régions-là –, mais moi, je m'en fous de la douceur du temps. Ce que je veux, c'est du vent ! Plein de nuages et la tempête dans la gueule ! Comme ça, je pourrai déplier mes ailes de ski-kite et, en soixante-douze heures tout au plus, poser enfin les pieds sur le continent. Ensuite, il sera temps d'attaquer les montagnes qui ceinturent la terre de la Reine-Maud. Tandis que là, je me traîne sur ce maudit *ice-shelf* tout plat, tout nul, avec sa couche de neige en déliquescence qui adhère sous mes pas comme de la colle extra-forte. Cet après-midi, j'ai même fini par chausser mes crampons d'escalade à la place de mes skis. Pour ce que je glisse…

Où est-ce que je vais comme ça ? Tout droit, plein sud. Pour l'instant. Avec cette procession qui me vaut de parcourir à peine plus de un kilomètre par heure, j'ai le temps de me poser la question. Soit j'oblique vers l'est pour me rendre au point de départ que j'avais prévu, à savoir les environs de la base de Novolazarevskaya. Ça rallonge, mais là-bas je suis sûr de trouver les conditions les moins pénibles pour rallier le pôle Sud. Les convois de tracteurs et de camions qui font la navette avec la base russe ont damé le terrain. Et les explorateurs qui m'ont précédé ont déjà ouvert les voies dans les montagnes. Soit je ne finasse pas, je baisse la tête et je coupe tout droit. Là, je suis sûr de trouver… bah ! Je n'en sais rien, justement ! J'ignore la force des vents catabatiques qui descendent des glaciers et je me demande si seulement il y a un foutu passage pour accéder à l'autre côté de la montagne. Je n'ai même pas la garantie que cette plate-forme de glace sur laquelle je transpire comme un galérien soit vraiment reliée au continent… En fait, je fais confiance aux manchots.

*

Au bout de deux jours, j'ai parcouru une quarantaine de kilomètres, à peine plus. En marchant quatorze heures sur vingt-quatre… C'est déjà beaucoup – d'heures, pas de kilomètres ! –, mais je peux faire plus. Pour l'instant, je m'en tiens à la journée classique de Mike Horn explorateur : quatorze heures de boulot, cinq heures de repas et d'activités diverses, cinq heures de sommeil. Plus tard, pour gagner du temps, il faudra que je modifie mon horloge biologique. Mais je n'y suis pas encore. Je ne vais pas rajouter des heures aux heures pour grappiller quelques centaines de mètres supplémentaires.

Qu'est-ce que j'ai mis dans ma luge pour qu'elle pèse aussi lourd ? D'accord, il y a la neige-Scotch qui ne m'aide pas, mais c'est vrai que je n'avais jamais autant chargé mon traîneau pour une expédition. Encore heureux que j'aie pris le risque de laisser l'équivalent de un mois de nourriture sur le bateau ! Les quarante litres de fuel, je ne pouvais pas faire moins, c'est avec ça que je vais faire fondre la glace pour boire et préparer mes plats lyophilisés. Mais j'ai aussi pris une paire de skis de rechange et j'ai surtout emporté beaucoup de matériel de ski-kite.

J'ai cinq tailles de cerfs-volants différentes : 4 m^2, 6 m^2, 10 m^2, 12 m^2 et 18 m^2. Le principe est le même que pour la navigation à voile : plus le vent est fort, moins la toile est grande. Pour aller débusquer le moindre souffle de brise, j'ai plusieurs jeux de lignes avec une longueur maximale de cent vingt mètres afin de monter le plus haut possible dans le ciel. Chaque cerf-volant arbore une teinte flashy différente. Bleu avec des liserés rouges pour le plus grand, rose et noir pour celui de 6 m^2, orange et bleu pour celui de 12 m^2, etc. Je me suis dit que ça ferait au moins une tache de couleur dans tout ce blanc !

Avec David Getaz, un copain de Château-d'Oex, on a développé une forme de voile un peu révolutionnaire, genre chauve-souris. Une troisième ligne permet de rétracter légèrement la toile quand le vent augmente brutalement. Ça évite de la déchirer et de devoir en changer à chaque fois. On a testé ça au milieu des étables. Ça a beaucoup amusé les vaches. En fait, je suis assez fier de mon équipement de ski-kite. J'aimerais juste qu'il me serve à quelque chose… Pour assurer le coup, j'ai contacté Daniel Moench de Plein Air. Il a eu la gentillesse de me renvoyer des kites de 10 m^2 et de 12 m^2, les mêmes que j'avais utilisés au pôle Sud en 2008 et qui avaient montré toute leur efficacité. Il m'a également fourni des réserves de lignes de soixante mètres. Des lignes de secours…

*

Jour 3. J'ai repris mon chemin de croix depuis quatre ou cinq heures quand, ô miracle, une brise de nord-ouest se met à siffler à mes oreilles. Je suis tellement pressé de profiter de l'aubaine que je choisis de garder mes peaux de phoque. Avec ce vent de quinze kilomètres à l'heure, je ne vais pas m'envoler, ni même glisser. Disons que je vais « glissoter ». Je sors ma plus grande voile, je m'emmêle un peu en déroulant les lignes de soixante mètres tellement je suis excité, et je commence à me laisser tracter. Ça ne dure que trois heures, j'avance à la vitesse d'une ménagère poussant son Caddie au supermarché mais, par rapport à ce que j'ai vécu, j'ai l'impression de passer la surmultipliée.

Ensuite, le vent ne tombe pas pour autant, il aurait même tendance à forcir, c'est sa direction qui pose problème. Désormais, il m'oblige à aller plein est, vers Novolazarevskaya. Or, j'ai décidé une fois pour toutes de tailler ma route droit devant, de couper à travers les montagnes, quitte à créer ma propre voie. Je manœuvre donc pour faire atterrir ma voile.

Sans entrer dans les détails techniques, on pourrait comparer mon cerf-volant à une sorte de cheval galopant dans le ciel tandis que moi j'actionne les rênes de Pégase en jouant avec ses câbles. Là, il s'agit seulement de donner du mou à la voile et de ralentir l'allure petit à petit afin d'éviter que mon traîneau ne me percute. Rien que du classique. Enfin, presque.

Mes mains sont agrippées à la barre de contrôle, je baisse les lignes en relâchant mes bras au maximum pour diminuer la tension, j'actionne délicatement les deux ficelles qui font office de frein à chaque extrémité du palonnier, et là, à l'instant où la voile s'apprête à toucher la glace, de puissantes bourrasques se lèvent et lui redonnent un second souffle ! Un vent de plus en plus violent, venu du sud maintenant, qui a dévalé les montagnes de la Reine-Maud pour venir me cracher au visage des salves de cristaux de glace.

Je n'ai rien vu arriver, tout à ma joie de faire un peu de ski. Et, en quelques secondes, la situation est devenue presque incontrôlable. En rase-mottes, le cerf-volant rebrousse chemin et me tracte désormais vers le nord. Avec ses 18 m^2 de toile gonflée par les vents furieux, il prend de plus en plus de vitesse. Il tire tellement que je n'arrive pas à actionner la poignée de largage pour m'en libérer. Il s'agit d'un système de largage partiel qui permet de diminuer la traction de mon aile sans pour autant la perdre. Il y a une autre commande sur la barre, mais c'est la solution ultime qui largue la voile complètement, et on peut lui dire adieu. Je n'en suis pas là. Je n'en suis pas là, mais je ne maîtrise plus rien. C'est comme si j'étais un type qui roule à fond, sans freins ni volant.

Je lâche la barre de contrôle. Aussitôt, je me retrouve dans la posture du pantin désarticulé. La voile accrochée à l'avant de mon harnais me tire dans un sens, le traîneau, accroché vingt mètres en arrière, dans un autre. Et moi, je suis traîné sur la glace, écartelé, vaincu. Enfin, pas tout à fait. Je me cramponne au cordage en Kevlar qui me relie à la luge et je tente de toutes mes forces de la ramener vers moi pour la fixer directement à la barre du ski-kite. Deux quintaux et demi à bout de bras en se faisant malaxer l'échine par les congères de glace. Oh hisse ! C'est fait. Maintenant, j'arrive à me détacher de ma voile. Enfin.

Mais ce n'est pas terminé. Le traîneau et le cerf-volant, désormais solidaires, se font la malle. Je les rattrape, je bondis sur la luge et je la retourne. Au passage, un bâton de ski de rechange, sanglé sur un côté du traîneau, me rentre dans le mollet droit. Un détail. L'essentiel, c'est qu'avec la luge retournée à ses basques, mon aile de ski-kite fait moins la maligne. Trop de résistance. Elle tire encore un peu, mais c'est un jeu d'enfant de la plaquer au sol et d'immobiliser mon attelage en folie.

5.

« Vis pour moi... Vis pour nous deux... » Elle me manque. Chaque jour, chaque heure, chaque minute je pense à Cathy. Enfin, je pense d'abord à ma navigation, mais elle est là dans mon subconscient. Ma concentration est totale, tous mes muscles, toutes mes terminaisons nerveuses sont mobilisés par l'épreuve mais son ombre plane au-dessus de moi comme un soleil aux cheveux d'or. Cette expédition, nous l'avions planifiée tous les deux. Ses conseils étaient toujours judicieux, sa joie de vivre me donnait du courage. Mieux que quiconque, mieux que moi peut-être, elle savait jusqu'où j'étais capable de repousser les frontières de l'impossible. Elle n'avait pas son pareil pour guider mes pas, déminer les pièges, contourner les écueils. Elle le faisait depuis la maison, mais où que je sois dans le monde, du pôle Nord au pôle Sud, je savais que je pouvais accrocher mon traîneau à son étoile.

Parfois, j'avais l'impression qu'elle me poussait presque à partir tellement l'excitation brillait dans ses yeux à l'idée de me retrouver lors des différents points-étapes de mon expédition. En cuisinière émérite, elle remplissait mes joues comme celles d'un hamster les semaines précédant le grand départ. Ensuite, elle avait l'art de calculer mes rations de nourriture toujours au plus juste. Et quand je croupissais dans un bled au fin fond de la Sibérie, elle était prête à déranger le Kremlin pour m'obtenir un visa. Cathy avait la sagesse d'un bonze et le grain de folie sans lequel on ne fait jamais rien de grand. Au fond, c'était une sacrée aventurière, elle aussi.

*

Quand je l'ai rencontrée, je logeais dans une auberge de jeunesse, à Château-d'Oex, un village paisible des Alpes suisses. Qu'est-ce que j'étais venu chercher là ? Ma vie, tout simplement. À vingt-quatre ans, j'avais quitté l'Afrique du Sud du jour au lendemain, laissant derrière moi une carrière juteuse dans la société d'import-export de fruits et légumes appartenant à l'un de mes oncles. Je possédais tout l'attirail d'un bonheur tape-à-l'œil, l'argent, une belle maison, une grosse voiture, mais ce n'était pas moi. Je ne me reconnaissais pas dans ce costume de jeune homme déjà repu. Un beau soir, j'ai tiré un trait sur cette caricature en léguant tout ce que je possédais à ma famille, et j'ai pris le premier avion pour Zurich avec quelques centaines de rands en poche. Je sais qu'il y a plus exotique que la Suisse quand on rêve de baroud, mais la Confédération faisait partie des rares pays accueillant les ressortissants sud-africains du temps de l'apartheid et, pour moi, le simple fait de partir loin sonnait comme une renaissance. Évidemment, personne ne m'a compris.

Sauf elle. Bien sûr, elle était sublime, grande, blonde, rieuse. Mais dès notre première rencontre, j'ai surtout éprouvé cette sensation que je n'avais encore jamais connue : « Enfin, quelqu'un qui vit dans le même monde que moi ! » Ainsi, je n'étais pas tout seul sur ma planète. Dès cet instant, nous étions déjà deux.

Son odyssée n'avait pas grand-chose à envier à la mienne. Elle vivotait en cumulant les emplois saisonniers et rentrait tout juste du Népal où elle s'était aventurée en solo pour faire un trek dans la vallée du Langtang. Auparavant, elle avait quitté sa Nouvelle-Zélande natale pour suivre son petit copain de l'époque, un Français, moniteur de ski, qui faisait la saison dans les Alpes suisses. Elle était partie d'Auckland sans crier gare, avec un aller simple. Elle n'envisageait pas d'y retourner. Là-bas, pourtant, son avenir semblait un chemin semé de roses. Cathy m'a raconté sa famille aimante, son père médecin, sa maman physiothérapeute, ses trois frères et sœurs dont un jumeau. Et aussi le chalet d'hiver sur les pentes du mont Ruapehu, la maison d'été au bord du Pacifique, les barbecues et les tournois de tennis dans la bonne société… Rien, cependant, ne paraissait pouvoir la faire revenir en arrière. Pas même l'incrédulité des siens. Pas même le regard des autres. Je hochais la tête en l'écoutant. Elle me parlait d'elle, les yeux brillants de fougue, et j'aurais pu prononcer chacun de ses mots.

*

Annika et Jessica sont nées avec un an d'écart. C'est à peu près la seule chose que nous ayons décidée, Cathy et moi. Tout le reste s'est fait au feeling. Nous nous sommes laissés vivre, nous ne voulions pas élever nos filles en les gavant de contraintes et de préceptes. Leur premier apprentissage a été de se mouvoir entre deux cultures, et elles l'ont fait naturellement. À la maison, nous parlions toujours en anglais. Il n'y a qu'à l'école et avec leurs amis qu'elles s'exprimaient en français. Elles se sont adaptées très vite. Selon moi, il n'y a d'ailleurs pas d'âge pour s'adapter. L'adaptation n'est pas une punition, mais un bréviaire pour la vie. Lors des repas, Cathy et moi n'avions que les voyages et l'aventure à la bouche. Mais dès que les filles poussaient la porte vers l'extérieur, elles basculaient dans un autre monde. Château-d'Oex est un village : j'avais l'impression que tous leurs copains étaient fils ou filles de fermier ou de mécanicien… Je n'ai jamais bien su quel métier elles pouvaient m'attribuer quand elles remplissaient leur fiche d'identité en début d'année scolaire… Vagabond professionnel ? Dompteur de crevasses ? Mécanicien de la survie ? Je les revois partir à l'école à ski, faire de la luge au milieu des vaches, rentrer chaque soir avec les joues rouges et les genoux écorchés. Il n'y avait pas beaucoup de poupées dans leur chambre, mais elles avaient pour elles les plus beaux jouets dont puisse rêver un enfant : les montagnes, les forêts, les rivières…

En mon absence, tout en veillant sur leur éducation et en les protégeant de tout son amour, Cathy a réussi l'exploit de ne pas en faire des « filles à leur maman ». Elle n'a jamais bridé leur goût naissant du risque et des grands espaces. Sous ses habits de mère poule, son cœur d'aventurière battait toujours. Je me souviens de ce dîner de l'été 2004 où, de retour du lac Baïkal et déjà en partance pour je ne sais où, j'avais lancé l'idée de passer des vacances avec les filles, alors âgées de onze et douze ans, dans le Grand Nord canadien. Ce n'était pas forcément pour tout de suite, j'avais un avion à prendre, mais un jour ou l'autre, dans un an ou deux… C'était mal connaître Cathy ! Vingt-quatre heures plus tard, elle avait déjà acheté tout le matériel et effectué les demandes de visa pour la famille. « Regarde, Mike, le 21 juillet, on peut prendre le Paris-Montréal, puis l'avion d'Ottawa, et là, il y a une correspondance pour Iqaluit… » Et c'est ainsi que, cet été-là, Annika et Jessica, après avoir franchi crevasses et sommets, sont devenues les plus jeunes exploratrices à traverser l'île déserte de Bylot, au cœur de l'archipel arctique… En fait, Cathy a donné des ailes à nos enfants et moi je leur ai appris à les piloter.

6.

Au terme de ma course-poursuite derrière mon cerf-volant, le spectacle n'est pas beau à voir : quatre ficelles de soixante mètres totalement emmêlées et un filet de sang qui dégouline dans mes chaussettes, dû à une lâche agression par un bâton de ski. Je ramasse la voile, les lignes en l'état, je fourre tout ça dans un sac bleu et rouge – chaque cerf-volant a son propre sac à ses couleurs – et je balance le tout dans le traîneau.

Je m'en veux de m'être fait avoir comme un débutant. Certes, le vent a tourné et s'est levé en un clin d'œil, mais je n'aurais jamais dû être pris au dépourvu. J'ai l'habitude de m'orienter avec la direction du blizzard et la forme des congères. Si le vent dominant souffle du nord vers le sud, le versant nord de la congère est verglacé, le sud recouvert d'une traînée de poudreuse. Près de la mer, mes boussoles de glace n'indiquaient pas grand-chose, signe qu'il n'y avait pas vraiment de vent dominant. Mais là, quand je regarde autour de moi, je constate que les congères sont presque toutes alignées dans la même direction : la glace vers le sud, vers les montagnes de la Reine-Maud. Conclusion : j'ai beau me trouver à près de cent cinquante kilomètres du continent, je viens d'essuyer mon premier coup de vent catabatique. Ça m'apprendra à pédaler la tête dans le guidon…

En même temps, je ne vais pas me flageller indéfiniment. La journée n'est pas terminée, j'ai encore du pain sur la planche. Et vu que ça décoiffe toujours comme dans une soufflerie d'Airbus, on oublie le ski-kite et on se remet à marcher avec le ventilateur de glace en pleine poire !

L'avantage, c'est que je peux reprendre mes travaux d'Hercule sans étouffer sous mes habits imperméables. D'un coup, la température a chuté et le vent gelé refroidit mon corps. En cessant de transpirer, je peux dépenser beaucoup plus d'énergie. Dès que la sueur dégouline, il faut gérer en permanence sa température interne, se découvrir, se recouvrir, c'est sans fin parce que la transpiration gèle et les vêtements perdent leur capacité à réchauffer le corps. Mais là, dans ce tourbillon de neige et de glace, je n'amuse pas le terrain. D'expérience, je sais que si je ne compte que sur mes muscles pour tracter mon traîneau, je n'en verrai jamais le bout. Il faut que je tracte mon attelage avec la tête et avec le cœur. La force de la volonté est tellement supérieure à celle des biceps, des reins et des jambes, fussent-ils ceux d'un athlète. On peut repousser très loin les limites de son corps. La douleur n'est pas une frontière ultime. C'est juste une porte qu'il faut oser franchir quand les conditions l'exigent. Ensuite, on ne souffre pas de plus en plus. C'est presque l'inverse. On s'habitue. On laisse la douleur derrière soi. On ignore le froid, la fatigue, les blessures. Ce n'est plus un cap insurpassable, juste une manière de vivre. Ce jour-là, je finis d'abattre mes quatorze heures de boulot réglementaires avec le sentiment du devoir accompli, car, en dépit de mes galères, j'ai réussi à parcourir plus d'une quarantaine de kilomètres. Il est temps de m'occuper de mon mollet éperonné par le bâton de ski. La pointe s'est enfoncée profond dans la chair. Je nettoie, je prends l'agrafeuse et je referme la plaie en trois clics.

Pour l'instant, je ne donne de nouvelles à personne. J'ai pourtant un équipement dernier cri avec des panneaux solaires et des accus en lithium qui me permettent d'alimenter un modem satellite. Je peux créer mon propre espace wifi à l'intérieur de la tente, gérer mes appareils GPS, mon téléphone satellite, envoyer des e-mails et des photos. Mais pour quoi faire ? Je ne vais pas commencer à inquiéter les miens en racontant que je n'avance pas, que je suis éreinté, que je me suis mélangé les pinceaux en ski-kite et que je me suis ouvert le mollet. Tant que je n'ai pas véritablement mis les pieds sur le continent blanc : silence radio !

*

Durant la nuit, je sens que le vent tombe. Bonne nouvelle. Je me lève comme un ressort, j'expédie les affaires courantes, ce qui me prend tout de même plus de deux heures, le temps de faire fondre cinq kilos de glace sur mon réchaud, d'ingurgiter mon petit déjeuner à six mille calories (de quoi rassasier M. Tout-le-Monde pour trois jours), d'enfiler mes quatre couches de laine et de tissus imperméables (il ne fait pas encore assez froid pour y ajouter le blouson et le pantalon de plumes), de ranger tout mon barda dans la luge avec en prime, cette fois, le démêlage de mon écheveau de ficelles… Bref, je me hâte autant que possible pour profiter de cette accalmie passagère.

Les événements de la veille me laissent espérer que, après quelques kilomètres de marche, la même brise surviendra en fin de matinée et m'autorisera à utiliser l'un de mes cerfs-volants. Je crois que je commence à piger dans quel système météo je me trouve. Et ce coup-ci, promis, je ne me ferai pas piéger si le vent tourne en un clin d'œil.

*

J'ai un moral d'enfer, ce matin. Tout va mal, mais j'y crois plus que jamais. Enfin, je veux y croire. Je n'aperçois toujours pas le moindre massif montagneux à l'horizon. Mais le bonheur d'avoir parcouru la veille autant de distance que les deux premiers jours réunis me redonne de l'espoir. Je me sentirais presque pousser des ailes. D'ailleurs, c'est le cas puisque mes prédictions météo se déroulent à la lettre.

Sur le coup de 11 heures, un léger vent de nord-ouest fait frissonner la neige. J'en profite pour envoyer dans le ciel ma voile de 18 m^2, une tache rouge et bleu sur une toile vierge. J'ai toujours mes peaux de phoque accrochées aux skis, je marche à vive allure, le cerf-volant me tracte comme un chien tirant au bout de sa laisse.

Après quelques heures, ma vitesse augmente imperceptiblement, je commence à glisser malgré mes skis de marche. Sous mes pieds, la surface de l'*ice-shelf* ondule en formant des sortes de vagues de glace de plus en plus rapprochées. Je n'ai pas envie que le scénario d'hier se répète. J'arrête tout, je plie les gaules. Je fais atterrir ma voile, je l'enroule soigneusement – toujours de la même manière sinon c'est le bordel, toutes les lignes s'emmêlent – et je reprends mes bâtons de pèlerin.

Bien vu, Mike ! Quelques minutes plus tard, un puissant vent de face se met à cingler. Comme la veille, au « plus chaud » de la journée, les bourrasques catabatiques dévalent des glaciers, aimantées par une mer qui, en comparaison, est presque tiède. De la théorie à la pratique, je n'ai mis que vingt-quatre heures à m'adapter. Je continue ma route.

Je marche encore une dizaine d'heures, indifférent au vent qui vrombit et qui siffle, emplissant à lui seul le grand silence de l'Antarctique.

Au bout de mon chemin, j'aperçois, pour la première fois, une traînée noire qui se dessine à l'horizon : les montagnes de la Reine-Maud. Si j'en crois mon GPS, j'ai parcouru, en ligne droite, quarante kilomètres supplémentaires.

Malgré ces journées bien remplies, j'ai un peu de mal à trouver le sommeil. La nuit, la glace émet mezza voce une multitude de bruits sinistres. Des crissements, des craquements, des murmures. Je les entends juste sous moi quand je suis couché dans mon duvet. Le plateau de glace flotte sur l'eau et il travaille sans cesse. J'angoisse en me disant : « Pourvu que ces craquements cessent quand je m'éloignerai encore un peu plus de la mer… Pourvu que la glace n'ait pas trop bougé là où l'*ice-shelf* est censé faire une passerelle vers le continent… »

*

Les deux journées suivantes se déroulent quasiment à l'identique, au sens où je maintiens ma moyenne sans connaître de mésaventures notables. Au début de la semaine, je craignais de devoir déjà puiser au fond de mes réserves pour voir le bout de ce plateau de glace qui n'est pourtant qu'un préambule. Ce n'est plus le cas. J'ai l'impression de m'être dérouillé les muscles, d'avoir retrouvé la bonne cadence et les bons réflexes, bref d'être entré de plain-pied dans mon expédition. Après cette éprouvante traversée en bateau, il me fallait sans doute mettre un peu d'huile dans mes rouages de frais quinquagénaire.

Au cinquième jour, l'*ice-shelf* marque un léger faux plat, ça monte un peu. Le lendemain, c'est lisse comme un billard et j'en profite pour dégainer ma paire de skis spécial kite. Une grande première.

Au terme de ces deux jours où j'ai abattu près de soixante-dix kilomètres, je plante ma tente au pied des premiers contreforts de glace qui mènent aux montagnes de la Reine-Maud. Forcément, à ce moment-là, je ne peux pas m'empêcher de penser à ma dernière vadrouille en Antarctique. Ça m'a marqué. Il y a de quoi, je pense.

*

L'épisode se déroule en 2008, dans le cadre de la fameuse expédition où les enfants se sont baignés à Deception Island avec les conséquences que l'on connaît. Il était prévu que je rejoigne ensuite le prince Albert et un petit bataillon de *young explorers* pour une marche symbolique vers le pôle Sud. Eux se feraient déposer par avion à une centaine de kilomètres du Pôle, tandis que moi, je les rejoindrais en traversant les montagnes de la péninsule Antarctique, à l'ouest du continent. C'était l'idée. Avec un petit équipage, on a donc amarré *Pangaea* sur la glace, en contrebas des montagnes, et je me suis lancé dans l'aventure en compagnie de l'inévitable Fred, mon compagnon de K2, et d'Alexis, un copain scientifique féru de sport, mais sans grande expérience de l'escalade.

Si je me suis entouré d'eux, c'est que je devais transporter du matériel pour le prince et les enfants, en plus de mon propre équipement. Impossible de passer les montagnes avec un fardeau de plus de quatre cents kilos. Du coup, on avait décidé de répartir la cargaison dans trois traîneaux. Après avoir franchi le col, je n'aurais plus qu'à accrocher les luges ensemble et sortir mes ailes de ski-kite tandis que Fred et Alexis pourraient redescendre tranquillement au bateau. Sauf que ça ne s'est pas du tout passé comme ça.

On était partis depuis environ trois heures, ça grimpait raide et les crevasses étaient partout autour de nous. Fred marchait devant. Dès qu'il voyait un pont de neige, il faisait un sondage en frappant vigoureusement la glace avec son bâton pour savoir s'il pouvait passer. Et il passait. Une fois, deux fois, trois fois. La quatrième, il a répété l'opération, et il a franchi la crevasse, pas son traîneau… La luge de cent trente kilos a pété le pont de neige et est tombée en chute libre dans la crevasse qui mesurait au minimum trois cents mètres de profondeur, du moins j'imagine, on ne peut jamais savoir, c'est la nuit noire là-dedans. Au bout de sa corde, Fred a été entraîné au fond de l'abîme. La scène avait duré moins d'un quart de seconde. Je me suis penché au-dessus du gouffre en sachant que je ne le reverrais jamais. Quand on chute dans une crevasse, en Antarctique, on n'en revient pas. On crève au fond, abandonné de tous. Il y avait sans doute une chance sur mille pour que la luge se coince entre deux parois et que Fred atterrisse dessus. C'était son jour. Il gisait sur son traîneau, en équilibre, à vingt mètres en contrebas. Il s'était blessé avec ses crampons et son piolet. De son passage, il ne restait qu'une traînée de sang qui maculait la paroi du glacier.

— Ça va Fred ?

— Ça va, ça va, mais je ne peux pas trop bouger…

Sa luge était coincée provisoirement, son corps était chaud : au bout d'un moment, ça risquait de faire fondre la glace et il allait dégringoler encore plus bas. Or, plus bas, je n'avais aucun moyen de le récupérer. Déjà qu'il avait emporté tous les cordages de sauvetage dans sa chute. Il n'y avait pas un instant à perdre. J'ai demandé à Alexis de détacher le câble de son traîneau et je l'ai noué solidement avec le mien. Vingt mètres, tout juste. Encore un miracle. J'ai fait un ancrage, j'ai balancé la corde à Fred, il l'a attrapée en étendant son corps de tout son long. Un cri de joie est monté des entrailles du glacier. Il était sauvé. Du moins, il ne descendrait pas plus bas. Ensuite, il a entrepris d'escalader tant bien que mal la paroi avec son piolet pendant que je l'assistais en prenant du mou sur la corde. J'avais la tête froide mais mon cœur battait encore à cent mille.

Quand il s'est extirpé de la crevasse, il était bien amoché. Il avait le dos en compote, son piolet avait fait éclater son arcade sourcilière, le sang dégoulinait. Il titubait mais il tenait debout. Je lui ai dit de prendre de l'avance, de commencer à se diriger vers le bateau puisqu'on avait un médecin à bord. Nous, on allait essayer de sortir le traîneau de la crevasse et, selon le temps que ça prendrait, on le rejoindrait en chemin. Fred ne s'est pas fait prier. Il avait le regard vide d'un revenant, il ne marchait qu'à l'adrénaline.

C'est Alexis qui est descendu dans le trou pour récupérer le traîneau, car j'étais plus utile à la surface. J'avais plus d'expérience que lui pour l'ancrage et la manipulation des cordes. L'opération nous a pris un temps fou, mais Alexis a assuré comme un chef. Il a solidement arrimé l'attelage, je l'ai aidé à remonter, j'ai fait un mouflage et je me suis échiné à treuiller le traîneau hors de son cercueil de glace. Deux heures s'étaient écoulées depuis le départ de Fred. Si tout allait bien, il devait être presque rendu au bateau.

C'est à ce moment-là qu'un immense nuage blanc est apparu au sommet de la montagne et s'est mis à dévaler la pente comme une avalanche : une tempête de vent catabatique d'une rare violence. Déjà, notre descente avec trois traîneaux pour deux n'était pas simple, mais là, l'exercice se compliquait singulièrement. Très vite, les rafales ont dépassé les cent kilomètres à l'heure. Une nuée de petits morceaux de glace nous cinglait le visage comme du verre brisé. Ce n'était presque pas tenable. Pendant ce temps-là, Fred était arrivé près du bateau et, dès qu'ils l'aperçurent, Dario, un copain photographe, et Robert, un électricien qui faisait des travaux sur *Pangaea*, accoururent à sa rescousse. « Ils ont besoin d'aide sur les glaciers », a lâché Fred. Sans réfléchir, les deux ont décidé de venir nous prêter main-forte. On les a retrouvés au pied de la montagne, alors qu'il nous restait trois ou quatre kilomètres à parcourir sur la plate-forme de glace qui menait au bateau. Le plus dur restait à venir.

Au loin, j'ai aperçu *Pangaea* qui tanguait au bout de sa chaîne comme s'il cherchait à s'en délivrer. J'en ai conclu que, sous l'effet de la tempête, la glace se morcelait et que l'ancrage était en train de céder. Bientôt, il allait se mettre à dériver… Et nous n'étions pas mieux lotis car, tout autour de nous, des trous d'eau apparaissaient déjà.

En moins de temps qu'il n'en faut pour le dire, j'ai décidé de jouer le tout pour le tout. « On n'a plus le temps, on attache les trois traîneaux les uns derrière les autres et on fait un train de luges ! C'est moi qui vous tracte… » Pendant que je dépliais ma voile de ski-kite et que je chaussais mes skis, les autres montaient à califourchon sur les traîneaux. Et notre TGV s'est élancé. À fond. Propulsé par un vent de folie.

Devant moi, je voyais la glace qui cassait et s'écartait, on aurait dit un séisme de magnitude 10. En prenant un maximum de vitesse, avec l'aide de l'aquaplaning, je me suis dit qu'il y avait une chance de franchir ces petits échantillons de mer qui se formaient dans les moindres brèches. Et c'est passé. Une fois, deux fois, trois fois. Comme Fred, tout à l'heure, quand il sondait les ponts de neige avant de tomber dans la crevasse. Le quatrième trou d'eau était là. Je suis arrivé en trombe, j'ai tiré sur la barre, volé, j'ai atterri de l'autre côté. La luge sur laquelle était assis Dario m'a suivi, celle avec Robert l'a imitée, mais en tapant le rebord glacé, juste de quoi me faire perdre un peu de vitesse. Le train a ralenti. C'était trop juste pour Alexis... Il a giclé de sa luge, a atterri dans l'eau glacée, au milieu du trou qui ne cessait de s'agrandir. Pour ne rien arranger, dans la panique, il a nagé du mauvais côté et s'est retrouvé sur l'autre berge. « Replonge ! Replonge, vite ! » hurlait Robert pendant que j'essayais d'immobiliser ma voile. Tremblant de froid, grelottant d'effroi, Alexis a pris son courage à deux mains et s'est exécuté. Le revoilà. On a reformé notre train. Et c'était reparti. Et là, on a survolé tous les obstacles et on est parvenus à rallier le quai de glace où *Pangaea* n'était plus amarré que par un fil.

L'équipage nous a aidés à charger tout le matériel à bord. Fred était aux mains du médecin. Alexis, trempé des pieds à la tête par –20 °C, commençait à être en état d'hypothermie. « Merde ! Il est bleu... » a lâché Dario. C'est à ce moment que l'ancre s'est détachée et que *Pangaea* s'est mis à dériver comme un bateau ivre.

*

Voilà à quoi je pense, cette nuit-là, sous ma tente. Ce n'est pas pour faire de beaux rêves, c'est pour me préparer au pire et me rappeler qu'il y a toujours, ou presque, une solution pour s'en sortir. Je sais que les journées qui m'attendent vont être parmi les plus éprouvantes de mon expédition. Une partie de son succès se jouera dans l'ascension des montagnes de la Reine-Maud. J'ignore encore si je vais parvenir à trouver un passage. Je me demande si les vents catabatiques ne vont pas décapiter mon défi fou. La seule chose dont je sois sûr, au fond, c'est qu'en Antarctique rien ne se passe jamais comme prévu.

7.

« Vis pour moi… Vis pour nous deux… » De là-haut, elle doit être tellement fière de voir cette complicité qui nous rassemble, désormais, les filles et moi. Je sais que, pour elles, je n'ai longtemps été qu'une figure lointaine. Je n'ai pas beaucoup surveillé leurs devoirs et je ne me souviens plus des prénoms de leurs premiers petits copains. Je ne les ai même sans doute jamais sus. Et pourtant, elles m'ont toujours poussé de tout leur cœur à chaque fois que je partais en expédition : « Vas-y, paps ! On est sûres que tu peux le faire ! »

Au fond, je n'ai pas cherché à ce qu'elles me ressemblent. Je suis heureux qu'elles aient un peu de moi, mais encore plus qu'elles aient beaucoup de leur mère. Quand je les ai emmenées dans le Grand Nord, ce n'était pas pour battre des records ou les pousser sur mes traces. Mais pour y vivre la meilleure école, celle du dépaysement et de la nature à l'état sauvage. Je préférais être celui qui leur ouvre la porte de tous les rêves plutôt qu'un papa qui les étouffe sous les bisous et les cadeaux. Les filles m'ont souvent dit que notre mode de vie désorientait leurs amis. Et pourtant, je sais qu'elles n'y auraient renoncé pour rien au monde.

La preuve : un an après leur conquête du cercle arctique, elles étaient déjà partantes pour de nouvelles aventures en famille. Cette fois, nous avons rallié le pôle Nord depuis la base russe de Barneo au milieu d'une dizaine d'équipes participant à ce raid d'amateurs. Pour de jeunes adolescentes, l'épreuve s'est révélée presque limite. Plus d'une semaine de marche par –35 °C avec une tempête terrible en point d'orgue de l'expédition. Nous n'avons été que deux équipages à atteindre le Pôle, tous les autres avaient rebroussé chemin ou fait appel aux secours d'urgence. Je revois le calme de mes filles recroquevillées dans notre tente en plein coup de tabac quand la différence entre la vie et la mort ne tient plus qu'à l'épaisseur d'une toile de Nylon. Déjà, je les savais armées pour tailler plus tard leur propre route au mépris des sens uniques et de tous les obstacles qu'elles rencontreraient.

Elles n'ont jamais été et ne seront jamais les « enfants de Mike Horn ». Elles sont Annika et Jessica. Et c'est tellement mieux comme ça. Je sais de quoi je parle. Moi-même, j'ai vécu ça.

Mon père était un grand joueur de rugby sud-africain, un joueur international avec les Springboks. Il était mon modèle, mon dieu sur Terre. Je me rappelle son dernier match de rugby, comme demi de mêlée de l'équipe du Transvaal. J'avais dix ans. Je m'étais placé au plus près du terrain pour ne perdre aucun de ses gestes. Durant près d'une heure et demie, j'ai prêté attention à sa technique pour passer le ballon derrière la mêlée, j'ai tendu l'oreille pour l'entendre commander son pack. J'ai scruté ses plaquages, ses dégagements en touche, ses feintes… Après le match, je me suis rué dans les vestiaires. Mon père était assis sur un banc, tout crotté, avant de prendre sa douche. Surpris de me voir là, il s'est levé, m'a observé, l'air interrogatif.

— Papa, je t'ai regardé jouer aujourd'hui, j'ai tout noté. Plus tard, je serai aussi grand que toi !

— Non, Mike, tu ne seras pas aussi grand que moi…

Sa phrase m'a coupé la respiration pire qu'un plaquage. Je suis resté un instant bouche bée, comme un idiot. Il a posé sa grosse main sur mon épaule : « Un jour, tu seras plus grand que moi, mon fils… »

Ne jamais mettre le rêve d'un enfant sous camisole. Transmettre plutôt que formater. Donner les clés, les outils et le laisser s'ouvrir lui-même au monde… Il n'y a pas de plus bel héritage. Après la mort de Cathy, j'ai légué tous nos biens matériels à nos filles. Mais ça, c'est un détail. Ce don-là compte si peu.

Annika et Jessica ont eu une maman modèle. Moi, je sais que je ne peux prétendre à aucun titre. N'empêche, ce jour où elles m'ont avoué que j'étais pour elles « le plus inspirant des papas », je me suis dit que leur père en pointillés n'avait pas si mal fait que ça. Même si, trop souvent, c'était Cathy qui tenait le crayon…

*

Il y a une semaine, juste avant de quitter le bateau, j'ai eu des nouvelles d'Annika. La liaison était mauvaise, mais elle m'a expliqué qu'elle était rentrée en Europe pour commencer son stage dans le marketing au siège de Mercedes, à Stuttgart, l'un de mes plus anciens sponsors. Islamabad, Lausanne, Paris, Boston, Le Cap, Stuttgart… J'adore la façon dont mes filles croquent le monde et vivent à cheval sur les fuseaux horaires… En ce qui concerne l'histoire du permis, elle m'a dit que l'affaire suivait son cours et qu'il ne fallait pas que je me tracasse avec ça.

— J'ai contacté l'aide de camp du prince Albert. Monaco est un membre important dans le traité de l'Antarctique…

— Super idée, ma chérie. Ils ont dit quoi ?

— Attends, ça passe mal là… On en reparlera plus tard en échangeant par e-mails… T'inquiète pas, paps, je gère !

Sur le coup, j'ai eu un petit doute. À son intonation trop enjouée, je me suis demandé si elle ne me cachait pas quelque chose… Peut-être qu'elle cherchait à me protéger comme l'aurait fait sa mère ? Elle est si jeune et déjà si forte. Quand je les regarde, elle et sa sœur, je vois Cathy.

Un jour, mes filles seront plus grandes que moi.

8.

Le sommet des montagnes, corsetées par les glaciers, culmine à plus de deux mille mètres. Ensuite, il faudra encore grimper sur le plateau Antarctique, à près de trois mille mètres, mais le système météo ne sera plus le même et je ne vivrai plus dans l'angoisse permanente d'endurer un orage furieux de vent et de glace.

De loin, hier, j'ai cru repérer une faille dans la muraille qui se dresse devant moi. Une entaille immaculée entre deux arêtes rocheuses. À l'est, aussi, il semble y avoir un passage, bien plus large celui-ci. Je le distingue parfaitement ce matin en sortant de ma tente sur le coup de six heures. Le ciel est plombé comme une armure, mais le soleil de minuit diffuse sa lumière tamisée sur les montagnes. Il ne fait pas vraiment froid, toujours aux alentours de –10 °C. Ce soir, si je ne fais pas de mauvais choix et que je plante ma tente en altitude, le thermomètre aura chuté de dix degrés.

Le col à l'est peut sembler tentant, plus évasé, plus facile sans doute à gravir, mais il y a longtemps que je sais que le chemin le plus confortable est rarement le meilleur. Je servais dans les forces spéciales sud-africaines du temps de la guerre en Angola, et les mines dispersées sous nos pieds étaient toujours posées sur les sentiers les plus dégagés, l'itinéraire le plus praticable, jamais dans les sous-bois ou les ravins en lisière de route. Entre le risque de me faire réduire en charpie et la contrainte de me servir d'un coupe-coupe, j'avais vite choisi. Donc, j'en reste à ma première idée. Au plus court, comme je le fais depuis le début. Tant pis si la pente me semble plus raide. L'autre, avec sa large ouverture aguichante, est une invitation pour les tempêtes descendues des glaciers. Je préfère crapahuter sur les flancs de mon à-pic. Avec un peu de chance, ils me protégeront des vents mauvais.

*

Le début de l'ascension me fait l'effet d'un crochet au foie dès le premier round du combat. J'avance de dix pas, mon cœur et ma respiration s'emballent, je m'arrête pour respirer. Je fais huit pas, le sang cogne dans mes tempes, mes muscles se tétanisent, je m'arrête pour respirer. Ce n'est pas la volonté qui me fait défaut. Jamais. Au contraire, je suis presque trop motivé. Sur le bateau, je n'ai pas arrêté de trimer, mais je n'ai pas pu me préparer physiquement. Les premiers jours de marche m'ont remis dans le bain, mais l'effort en montagne est spécifique, surtout avec un boulet de plus de deux cents kilos accroché à mes basques. J'avance de cinq pas, la neige crisse sous mes crampons, je surcharge ma jambe avant, j'ai des crampes. Je m'arrête pour respirer.

Le versant que j'ai emprunté est un vrai champ de crevasses. De toutes les formes, de toutes les tailles, plus ou moins bien dissimulées sous leur couvercle blanc. Je suis obligé de sonder les ponts de neige en permanence. Malgré tout, je continue d'avancer en ligne droite, le plus possible. Tous les explorateurs qui ont été vaincus par les montagnes de l'Antarctique cherchaient à contourner les crevasses qui se présentaient à eux. Au prix de zigzags incessants, avec une luge qui les tirait toujours en biais, ils y ont laissé leur rêve. Moi, quand un pont de neige me paraît assez solide, peu importe la largeur de la faille, je traverse. Mais pas n'importe comment. J'utilise le poids de mon traîneau comme une sécurité. Enfin, sa lourdeur est un avantage.

Avant de traverser une crevasse, je ramène ma luge à ma hauteur. J'estime la largeur de la faille et j'adapte la longueur de la corde qui me relie au traîneau. J'ai une multitude de cordages de longueurs différentes. Si la crevasse mesure dix mètres, je prends une corde de seize mètres et je place ma luge en travers de la pente, à cinq mètres du bord de la paroi. En cas d'accident, la corde se tendra et l'un des gros nœuds que j'ai pris soin de confectionner à intervalles réguliers agrippera la glace et enrayera ma chute. Dans ces moments-là, je voyage en solo, mais je ne suis plus seul : mon traîneau devient le plus fiable des équipiers de montagne. Une fois que je suis passé de l'autre côté de la faille, c'est à son tour de me suivre. Avec deux vis à glace et une sangle en V, je fais un ancrage dans la glace. Je me détache de la luge, je fais passer la corde dans l'ancrage et je tire. Si jamais le pont de neige s'effondre sous son poids, je suis sûr que la luge ne m'entraînera pas dans sa chute. J'aurai les mains libres et la corde restera prise dans l'ancrage. C'est tout simple, un peu fastidieux, mais c'est comme ça que je taille ma route en ligne directe.

Maintenant, le glacier devient de plus en plus abrupt. Quand je pouvais faire dix pas d'affilée, voilà cinq heures, je n'en fais plus que trois. Je détache ma luge de plus en plus souvent. Je la bloque en travers et je vais examiner les pièges qui se présentent devant nous. J'ausculte chaque pont de neige. L'avantage, c'est qu'ils permettent de franchir la plupart des failles qui balafrent la montagne. L'inconvénient, c'est qu'ils dissimulent celles que l'on ne peut pas traverser. Je grimpe une vingtaine de mètres, mon bâton à la main, et si je considère que ces passerelles éphémères sont suffisamment robustes, je retourne m'encorder au traîneau et je reprends mon travail de forçat. Crevasse après crevasse. Je ne veux pas concéder un pouce de terrain supplémentaire en une succession de zigzags préventifs, mais je n'ai pas envie, non plus, de hisser mon traîneau pour rien. Avec lui, chaque mètre compte triple. Je ne sens plus mes jambes. Toute la force de mon corps est concentrée dans mes cuisses. Et dans mon cerveau. Je ne suis plus qu'une machine à grimper d'où s'échappe un souffle rauque.

Encore une faille. Une de plus. Qui ressemble à toutes les autres. Un pont de neige comme j'en ai franchi des dizaines, des centaines depuis ce matin. J'assène mes coups de bâton pour vérifier sa solidité. La règle que m'a apprise mon ami Børge Ousland lors de ma première expédition au pôle Nord est quasi intangible : si la pointe traverse au quatrième impact, j'ai 90 % de chances de passer. Au troisième, c'est 70 %. En même temps, ça reste de la théorie. Ceux qui pourraient contredire la fiabilité de cette méthode ne sont malheureusement plus toujours là pour témoigner. D'autant que plus on avance sur le pont de neige, moins la glace est épaisse. Alors, de 70 % de chances, on passe à 65 %, 60 %, 55 %. Cette fois, mon bâton transperce le pont de neige à la troisième tentative. Est-ce que ma débauche d'énergie m'a fait perdre ma lucidité ? Est-ce que je ne réfléchis plus qu'avec mes jambes ? En tout cas, j'y vais.

Ma luge est placée en travers de la pente, en contrebas de la faille, sa corde de dix mètres attachée à mes reins. Je commence à m'avancer doucement : un pas, deux pas... Ne pas marquer de temps d'arrêt, surtout, équilibrer le poids sur mes deux jambes... Facile à dire. J'ai l'impression que mes crampons pèsent une tonne tellement j'ai mal aux cuisses, tellement je force sur mes appuis depuis des heures. Ensuite, ça va très vite. Au troisième pas, je n'ai même pas le temps de sentir le pont de neige qui cède sous mes pieds. Juste un craquement et la nuit noire qui m'engloutit. Ça dure un dixième de seconde. Une éternité. La corde me stoppe net après une chute de cinq mètres. Dans la mâchoire de glace entrouverte, je me balance comme un pendule en bénissant le type qui a inventé le Kevlar. Avant le départ, j'ai pris soin de m'équiper de cordes très fines, mais hyperrésistantes. Heureusement qu'elles ne sont pas restées bloquées à la douane, celles-là.

Je ne suis pas blessé, tout va bien. Je remonte en escaladant la paroi à l'aide de mon piolet et de mes crampons. Mon traîneau n'a pas bougé d'un centimètre. On est déjà prêts à repartir, tous les deux. Avant cela, je claque une tape amicale sur sa bâche, comme pour remercier un fidèle compagnon. C'est peut-être un peu ridicule, mais de toute façon personne ne peut nous voir.

Ma chute m'a un peu refroidi. Surtout, elle m'a fait perdre la cadence. Pour soulager mes muscles qui menacent de faire exploser les coutures de mon pantalon coupe-vent, j'inaugure une nouvelle technique d'escalade. J'utilise ma plus longue corde, celle de trente mètres. Je fais un point d'ancrage sur lequel je fixe une poulie en surplomb du traîneau. Et tandis que je marche en redescendant, la luge monte ! À ce train-là, je suis parti pour crapahuter jusqu'à demain soir pour boucler les huit kilomètres d'ascension qui mènent à ce passage vers le plateau antarctique que personne n'a jamais emprunté. C'est comme ça. Je crois que s'il fallait ramper pour grappiller quelques mètres, je n'hésiterais pas à le faire.

*

Tapi dans son lit de nuages, le soleil éclaire à peine la montagne. Bientôt vingt-deux heures. J'hésite à repousser les limites de l'épuisement. Mais chaque minute, chaque mètre comptent. Encore deux ou trois crevasses et j'arrête pour aujourd'hui… En voici une. Elle mesure à peu près la même largeur que celle qui m'a englouti tout à l'heure. Miroitant sous la faible lumière tombée du ciel, la glace me semble relativement solide. Mais mon bâton perce le pont de neige à la troisième tentative… Et maintenant, je fais quoi ? Ne te retourne pas, Mike, regarde devant…

Une demi-heure plus tard, je plante enfin ma tente sur un tapis de neige, à flanc de montagne. Avant même de faire bouillir mes cinq litres de glace, je me rue pour la première fois sur mon journal de bord. « Je suis à mi-chemin de la zone montagneuse, en pleine ascension d'un glacier abrupt truffé de crevasses et où les ponts de neige compacte sont rares. J'ai dû ralentir la cadence après être passé à travers l'un d'eux. Du coup, je me sens comme un chat à neuf vies perché à deux mille quarante-cinq mètres d'altitude. Tracter le traîneau sur cinq cents mètres de paroi m'a éreinté. Je lutte pour garder les yeux ouverts ! »

Le lendemain, je reprends mon labeur de Sisyphe. J'effectue les quatre derniers kilomètres d'ascension en jouant avec les longueurs de cordes, le poids de mon traîneau et, parfois, mon destin. Quand sonne l'heure du repos, je me trouve à l'orée du corridor qui mène à la calotte antarctique.

*

Ma nuit est courte. En dépit de la fatigue, je ne dors que d'un œil. Et ce matin, le claquement de ma toile de tente sous l'effet du vent fait office de réveil. Je sors le nez dehors. Surprise ! En provenance de la mer, un lourd nuage, très chargé, très noir, approche dans ma direction. De loin, on dirait presque qu'il préfigure une tempête. Enfin, je me dis que je suis au bon endroit, au bon moment. Ce vent, il doit remonter le glacier, tôt le matin, comme moi, juste avant que ne s'ébrouent les rafales de vents catabatiques.

Après ces deux journées où j'ai tant souffert, je ne veux pas laisser passer l'aubaine. Je suis tellement pressé de déplier ma voile que je déroge presque à ma discipline de vie. Je bâcle mon petit déjeuner. J'avale mon muesli à l'huile d'olive. J'ingurgite ma ration de poudre hypercalorique, celle que l'on donne dans les hôpitaux aux gens qui ne peuvent pas s'alimenter normalement. J'engloutis mes deux cent cinquante grammes de noix de macadamia, mes deux tablettes de chocolat au beurre de cacao, ma « *fat bomb* », une boule de graisse bio qui vous leste mieux qu'une choucroute garnie. Mais je fais l'impasse sur les flocons d'avoine.

Je range mes affaires en quatrième vitesse et, vu la tête du nuage qui, maintenant, roule au-dessus de la mienne, je m'accroche derrière ma plus petite voile, celle de 4 m^2. Le vent souffle à près de soixante kilomètres à l'heure, j'entame la montée vers le plateau Antarctique en slalomant entre les crevasses des montagnes de la Reine-Maud, les dernières, parce que, là-haut, il fera plus froid et la glace sera plus solide. Je décolle au-dessus des ponts de neige, je les aperçois au dernier moment et hop, je tire sur la barre de contrôle et j'atterris cinq mètres plus loin. Normalement, la luge me suit. Il le faut, car quand je suis en ski-kite, je n'ai plus de sécurité, plus de vis à glace ni de sangle en V. Si la luge tombe dans une crevasse, elle m'envoie par le fond. Ou alors je finis écartelé entre mon traîneau et mon aile de cerf-volant. Au choix. Je n'ai pas de préférence.

Même si je n'utilise pas suffisamment de toile pour battre des records de vitesse, je prends plus de risques que si je roulais à tombeau ouvert dans une formule 1. Les obstacles surgissent sous mes skis au dernier moment, de plus en plus nombreux, de plus en plus menaçants, comme dans un jeu vidéo où, au fur et à mesure de la partie, le temps de réaction s'amenuise.

Maintenant, il y a des *sastrugi*, ces sortes de congères longitudinales qui peuvent mesurer quelques dizaines de centimètres comme plusieurs mètres, et qui n'ont pas leur pareil pour désarçonner un attelage. De petites dunes de glace sculptées par le vent qui constituent le seul relief que je vais trouver sous mes spatules durant des milliers de kilomètres. Jusqu'à ce que j'affronte les glaciers qui barrent l'accès à la base Dumont-d'Urville et à la terre Adélie. Tout au long des prochaines semaines, la dangerosité de ces pièges de glace, la force du vent et la densité de la fine couche de neige recouvrant la calotte glaciaire vont constituer les trois critères de ma progression et ma seule source de préoccupation. Pour le reste, j'ignore l'étymologie de ce drôle de nom de *sastrugi*, que j'ai découvert, gamin, dans les bouquins d'Amundsen. La seule chose que je sais, c'est que c'est beaucoup plus marrant sur le papier que sur le terrain.

Blanc sur blanc, je ne peux pas tous les apercevoir. Parfois je les découvre quand ils sont déjà sous mes spatules. Je m'envole, je plane, j'atterris, je me rattrape en chasse-neige et, une fraction de seconde plus tard, ô miracle, j'entends le choc sourd de mon traîneau qui, lui aussi, est retombé sur ses patins. Deux athlètes cohabitent en moi en permanence. Mes membres inférieurs transformés en amortisseurs se consacrent à la maniabilité de mes skis, mes membres supérieurs sont dévolus à la conduite du cerf-volant, prêt à se cabrer au moindre souffle de travers. Cette gymnastique harassante exige une acuité de tous les instants. Je prends des risques, mais l'euphorie de ces premières heures de glisse me donne des ailes après la laborieuse ascension des jours précédents. Dans mon dos, je devine la montagne qui s'éloigne et ça n'a pas de prix.

*

En début d'après-midi, je ne sais pas si c'est le cerf-volant qui a une saute d'humeur ou si c'est moi qui prends un appui trop fort sur les carres, mais je bute sur l'un de ces fameux monticules de glace et mon ski droit se déchausse. Clac ! J'ai beau être en montée, je me retrouve quand même lancé à trente kilomètres à l'heure sur un seul ski… Et je dois faire atterrir ma voile qui se balade là-haut à soixante mètres, sans me casser la figure, au risque de voir mon traîneau me foncer dessus. En temps normal, il me faut moins de cinq cents mètres pour m'arrêter. Là, en jouant les équilibristes, je ne parviens à stopper mon attelage qu'au bout de un kilomètre ou deux. Pas de bobo. Juste le sentiment que l'Antarctique a voulu me rappeler qu'il pouvait me broyer à sa guise.

Ensuite, l'élan est brisé. Je dois retirer mon harnachement, replier ma voile pour qu'elle ne s'envole pas, aller rechercher mon ski perdu dans la poudreuse. Recommencer tout à zéro pour pouvoir repartir. Le vent est encore là, stable et soutenu comme à la première heure, mais cette interruption m'a coupé les pattes. Plus que par la fatigue physique, je sens que ma vigilance et mes défenses sont amoindries par le stress de ma course contre la montre. Je suis obsédé par l'idée de gagner du temps, ou d'en perdre un minimum, sur la première moitié de mon parcours pour me laisser une marge de manœuvre lorsque je dévalerai vers l'inconnu. Mais je ne peux pas, non plus, provoquer ma chance en permanence. Le chat a beau avoir neuf vies, il ne va pas en gaspiller une tous les jours. J'ai réussi à slalomer entre les crevasses et les *sastrugi*, je me suis bien amusé en faisant du ski acrobatique, ça suffit pour aujourd'hui. Je reprends le manche encore trois heures et je m'arrête à la lisière du plateau Antarctique, à trois mille mètres d'altitude. Il est à peine vingt heures. J'ai parcouru près de soixante-dix kilomètres en ligne droite vers le Pôle. Ça se fête.

*

On a beau être le mercredi 21 décembre, je décide de faire chauffer mon repas du dimanche, l'un de ceux que Steve m'a rapportés de Suisse, concocté par un chef trois étoiles. Au menu : consommé de homard, poularde farcie au foie gras et riz basmati. Je ne peux pas m'empêcher d'ajouter une demi- « *fat bomb* » en guise d'amuse-gueule car, avec mon petit déjeuner en accéléré, j'ai vraiment l'estomac qui crie famine. C'est la première fois qu'une succulente odeur de cuisine emplit ma tente. Jusque-là, j'ai mangé comme un cochon. Un soir, sur l'*ice-shelf*, j'étais tellement crevé que je me suis endormi avec la cuillère de riz au lait dans la bouche. Je me préoccupais de mes déboires, pas de gastronomie. Il n'y avait que le doux parfum du cappuccino, le matin, pour flatter mes narines. C'est mon premier réflexe quand je me lève. Un cappuccino et, l'espace d'un instant, je me sens comme à la maison au beau milieu de l'Antarctique. Sinon, le homard et la poularde sont un régal. Je sauce avec mes doigts. Ensuite, je passe une mauvaise nuit parce que j'ai trop mangé.

*

Durant les quarante-huit heures qui suivent, en dépit d'une météo capricieuse qui m'a fait vivre les quatre saisons le premier jour et une tempête de neige le suivant, j'abats un peu plus de cent vingt kilomètres en profitant du moindre souffle grâce à ma plus grande voile. Exceptionnellement, ce n'est pas tant ma progression qui compte que l'ivresse d'entrer de plain-pied dans le grand désert de glace.

Désormais, je taille ma route sur le plateau Antarctique à trois mille deux cents mètres d'altitude et je suis étourdi par la sensation d'immensité sauvage qui s'offre à moi. Bien sûr, avec ses quatorze millions de kilomètres carrés, le sixième continent est grand comme vingt fois la France et renferme à lui seul 70 % des réserves d'eau douce de la planète. Certes, là où la région du pôle Nord est cernée de terres habitées, lui se dresse au milieu de mers déchaînées. D'accord, il est le plus froid, le plus sec, le plus élevé – et aussi le plus méconnu – de tous les continents. Mais les records et la géographie ne suffisent pas à expliquer ce vertige qui me prend à la gorge lorsque je file au milieu des *sastrugi*.

Tout autour de moi, il n'y a ni flore ni faune, pas le moindre signe de vie, d'autant que j'emprunte une piste vierge de tout passage. J'ai du mal à croire que je suis sur la planète Terre. Aucun être humain, pas même moi, n'est fait pour cet environnement. Loin devant, le ciel et la glace, d'une même pâleur, finissent par se mélanger. Il n'y a rien pour découper l'horizon, et l'impression d'immensité semble décuplée. Du blanc, encore du blanc. Dans toutes ses nuances : éclatant, crémeux, opaque, transparent… N'empêche, ça reste du blanc.

Et il n'est pas seulement à l'extérieur, il est dans ma tête aussi. Surtout le deuxième jour, quand la neige s'est mise à tomber en flocons serrés. Dans les Alpes, on appelle ça précisément un « jour blanc ». Ici, je ne sais pas, il n'y a personne pour donner un nom aux choses. N'empêche, c'est un calvaire de chaque seconde. Impossible de me repérer. À proximité du pôle Sud magnétique, ma boussole tourne sur elle-même comme les aiguilles d'une montre en folie. Je ne sais pas où je mets les pieds. Je crois que ça monte, je bascule mon corps vers l'avant, mais non, ça descend, et vlan ! Un aveugle au beau milieu de l'Antarctique. Un aveugle sans sa canne. Dix fois, vingt fois, cent fois, j'ai buté contre les obstacles. Et je me suis rétabli, je me suis relevé. Ces soixante kilomètres parcourus à tâtons valent bien plus que deux cents sous un ciel bleu. C'est ce que je me suis dit, le soir, au fond de ma tente. Finalement, c'est plus fort que moi, il faut toujours que j'en revienne à mon combat quotidien contre le temps. Les cristaux liquides de mon GPS sont figés par le gel mais j'ai un compteur kilométrique gravé dans le cerveau.

*

En 2006, j'ai rallié le pôle Nord durant la nuit arctique en compagnie de mon ami norvégien Børge Ousland, et cette expédition compte parmi les plus éprouvantes de ma carrière. Pourtant, je sais déjà que ma traversée de l'Antarctique va surpasser toutes les épreuves que j'ai endurées jusque-là. Pas parce que nous étions deux et que je suis seul. Mais parce qu'au pôle Nord nous avions cet objectif suprême qui nous aimantait : nous savions qu'à la fin du voyage, après la nuit, le soleil allait se lever. Ici, je n'avance pas pour voir la lumière au bout du tunnel. Mais pour fuir devant l'hiver qui court derrière moi. De chasseur, je suis devenu gibier. Ce n'est pas la même histoire. Psychologiquement, ça change tout.

Dans les semaines qui viennent, le thermomètre va chuter avec la régularité d'un métronome. Le mois prochain, ce sera –30 °C, grand maximum. En février, –40 °C. Et début mars, puisque je me suis donné trois mois pour arriver en vie à l'autre extrémité de la calotte, on frôlera les –50 °C. Pour garder espoir, je ne tiens pas compte du blizzard glacial qui devrait me tomber dessus lors de la seconde moitié de mon parcours. Avec ses rafales à plus de cent kilomètres à l'heure, ça ne risque pas de réchauffer l'ambiance. Bon, ça suffit. Assez cogité. Il faut que j'avance.

*

Depuis deux jours, je suis à environ trois mille mètres d'altitude, le mercure affiche –20 °C, et j'ai déjà l'extrémité du nez et les lèvres qui commencent à geler. Un début de croûte noirâtre, pas très appétissante, se forme en surplomb de mes narines. Chaque fois que je mords dans quelque chose, mes lèvres saignent. Et pourtant, j'ai sorti tout mon attirail grand froid.

Tous les matins, j'enfile mes cinq couches de vêtements : trois pulls en laine et polyester dont un à col montant, mon coupe-vent imperméable et ma parka en plumes avec sa capuche en fourrure. Je revêts également un masque de ski assorti d'une sorte de bavette qui descend jusqu'à mon cou tout en laissant l'air circuler. Car c'est la température de mon corps qui réchauffe les vêtements, pas l'inverse. Avec ce système de cheminée, l'air chaud remonte jusqu'à mon visage et m'épargne les premières gelures qui blanchissent la fourrure et l'extérieur de mon masque.

Pendant plusieurs heures, la chaleur de mon corps et, donc, les milliers de calories que j'ingurgite au petit déjeuner sont mes meilleurs alliés contre le gel. Mais en milieu d'après-midi, mon système respiratoire refroidit, j'ai brûlé toutes mes calories, j'ai perdu deux, trois, quatre kilos… Je n'ai plus d'essence jusqu'au soir. C'est là que les gelures s'installent.

Avec des journées de ski-kite de quatorze heures ou plus, il n'y a pas de remède miracle contre les froids extrêmes. Il n'y a que ce conseil que les Esquimaux m'ont donné et que j'applique quotidiennement sur mes blessures. Dès que j'ai la morve au nez, je m'en sers pour me badigeonner le visage. Ça crée une sorte de pellicule isolante même si ce n'est pas très ragoûtant.

*

Sinon, demain, c'est Noël. Ce 24 décembre n'est pas, pour moi, une date exceptionnelle. J'ai déjà passé de nombreux Noëls en expédition. C'est un jour à partager avec ses proches, un jour où je pourrais me sentir seul. Mais je ne me sens pas seul dans ce genre d'occasion, même au bout du monde, même dans la jungle, même perdu dans mon no man's land de glace. Devant une bière, dans un bar bondé, oui, je me suis parfois senti seul, jamais quand je vis avec mon rêve tout contre moi.

En me levant le matin, je me dis que j'ai quand même envie de m'offrir un cadeau. La veille, je n'ai pu parcourir que soixante kilomètres en skiant en aveugle lors de ce fameux « jour blanc ». Aujourd'hui, j'aimerais bien battre mon record de distance. Les conditions ne s'y prêtent pas vraiment. Le terrain est assez accidenté et un nuage de flocons de neige tournoie dans le vent. Mais ça reste moins casse-gueule qu'hier. Je me lance au milieu des bosses et des à-plats, j'ai un œil dans le ciel et l'autre au ras de la glace. Je change ma voile à plusieurs reprises pour augmenter sa surface, car le vent tombe à mesure que la journée avance. Mais, contrairement à mon habitude, je ne consulte pas mon GPS en cours de route. Je fais atterrir mon cerf-volant toutes les deux, trois heures pour marcher un peu et m'étirer. Pourtant, pas une seule fois je ne jette un œil à la distance parcourue depuis le matin.

Quand vient le soir, je suis un peu déçu. Le vent n'a jamais forci, les *sastrugi* ont joué avec mes nerfs, j'ai zigzagué tant et plus. J'ai beau avoir skié jusqu'à près de minuit, je n'ai pas vécu la journée d'anthologie tant attendue. Ce n'est pas ça qui va m'empêcher de casser une bonne graine. Pour mon réveillon, mes amis Brigitte et Franck ont repris la recette du « cake Mike Horn » que le chef Philippe Rochat avait inventée pour moi lors de mon expédition au pôle Nord. Un cake succulent, bien chargé en fruits secs et en alcool. C'est vrai, j'ai aussi celui que Laure m'a cuisiné sur le bateau et qu'elle m'a offert juste avant mon départ... Et alors ? Où est le problème ? Je vais commencer par le sien et ensuite j'enchaînerai avec l'autre. C'est Noël, non ? Peut-être même que je vais intercaler une demi-boule de graisse entre les deux. Avant cela, de toute façon, il faut que je déballe mon cadeau. Je saisis le GPS dans la poche de ma parka, je l'allume, je ferme les yeux, je les rouvre. Et là, boum ! Cent vingt kilomètres ! Record battu, pulvérisé, alors que j'ai encore lutté contre les éléments toute la journée... Je suis presque aussi ému que le jour où mes parents m'ont offert mon premier vélo. Où est-ce que j'ai mis la flasque de whisky, déjà ?

En sirotant mon pur malt, je me remémore tous les bons et les moins bons moments passés à bord de *Pangaea* durant notre traversée vers l'Antarctique. Et notamment cette soirée d'amitié et de bombance, la veille de quitter définitivement mes camarades. Je me suis vraiment pris d'affection pour mon équipage improvisé.

Tout à l'heure, j'ai reçu un message de Steve. Ils ont bien avancé mais la météo est complètement pourrie.

Ils devraient être à Fremantle dans une douzaine de jours. Mes camarades ont réussi à traverser la banquise en sens inverse sans gros dommage, mais, avec les incidents de l'aller, il faudra quand même prévoir deux semaines de réparations diverses en Australie avant que *Pangaea* revienne me chercher de l'autre côté de la calotte. Steve m'a dit qu'il profiterait de cette pause pour faire un aller-retour en Suisse. De toute façon, il faut déjà que je passe le pôle Sud avant d'envisager un quelconque calendrier d'arrivée sur la base Dumont-d'Urville.

Ces souvenirs et ce message, forcément, mettent encore plus en relief ma solitude actuelle. Tous les jours, je pioche dans mes réserves physiques et mentales et je n'ai encore rien fait. Enfin si, je me suis aventuré sur des glaces que l'homme n'avait jamais foulées, j'ai franchi les montagnes et les crevasses, j'ai tiré mon traîneau comme un forçat, mais, au bout du compte, je ne fais rien d'autre que rallier le pôle Sud. Ce n'est pas une première pour moi. Le vrai défi m'attend ensuite. Quand je couperai à travers les montagnes de glace qui enserrent le dôme C et les vents déchaînés. Et quand, chaque jour, je sentirai le souffle glacé de l'hiver sur ma nuque. Mais je n'y suis pas encore. Je suis loin d'y être…

*

En m'endormant, ce soir de Noël, je pense d'abord m'accorder une grasse matinée pour le lendemain. Une nuit interminable de cinq heures. Je me dis que je l'ai bien méritée. Puis, non. Le battant qui sommeille en moi ne dort que d'un œil. Je me lève quatre heures après m'être couché, comme d'habitude. Et comme d'habitude, mon premier réflexe est de faire fondre la glace pour mon cappuccino en même temps que j'ouvre le zip de ma tente pour voir d'où vient le vent. Pas de surprise, là non plus, il continue de souffler plutôt vers l'est. C'était déjà le cas ces deux derniers jours. Toute la journée, je vais réfléchir à ça, à cette histoire de vent dominant. En me frottant les fesses avec de la neige pour faire ma toilette, en sanglant la bâche de mon traîneau, en dépliant mes soixante mètres de ficelles bien droit sur la neige avant de faire décoller mon aile de cerf-volant. Et encore en me faisant tracter durant des heures par ce vent qui fouette le côté droit de mon visage.

Ce n'est pas un problème insurmontable de descendre vers le sud avec un vent qui vous pousse vers l'est. Pas plus que s'il vous poussait vers l'ouest du reste. Il suffit de tirer des bords comme en voile. Il suffit d'avoir les épaules pour ajuster son cerf-volant et ses lignes un million de fois dans la journée tout en dévalant une patinoire en forme de tôle ondulée. Mes articulations demandent grâce, mes muscles menacent d'éclater. Mon harnais m'arrache les reins et déforme mes hanches. J'ai les bras tendus vers le haut, les jambes en accordéon, le cerveau liquéfié par le stress de la chute. Qui plus est, je ne suis jamais sûr à 100 % de tenir mon cap au degré près. C'est même impossible. Les mains prises, je n'ai accès à aucun instrument de navigation. Je n'ai que mon expérience, mes sensations qui, le plus souvent, passent par mes pieds. Je suis connecté en permanence au relief de la glace. Il n'y a que la forme des congères pour me renseigner sur ma trajectoire : le vent dominant les aligne comme une rangée de tournesols face au soleil. Ça reste empirique et, souvent, je m'écarte de ma route de plusieurs kilomètres sans même m'en apercevoir.

Mais, non, rien de tout ça ne constitue un problème insurmontable. Ce sont juste des tonnes d'informations, de signaux, de variations infimes qu'il faut être capable d'interpréter en quelques secondes. L'écueil mortel, à l'heure qu'il est et dans la situation où je me trouve, ça serait de s'engager dans un « cul-de-sac » de vent. Quand les rafales venues de l'océan finissent par s'essouffler sur le plateau antarctique avant de vous abandonner sur la glace comme un soldat napoléonien en pleine retraite de Russie, là, c'est l'enfer. Il faut ranger ses voiles, recommencer à tracter son traîneau à la force des mollets. Ça peut durer des heures, des jours, des semaines… Tout sauf ça.

Ça fait maintenant des heures que je me torture les méninges. Même si la forme des *sastrugi* semble m'indiquer que je fais bonne route, j'ai un doute. Le pressentiment de devoir anticiper ma décision avant qu'il ne soit trop tard. Je suis toujours aux aguets quand les choses paraissent trop faciles, trop évidentes. J'ai toujours en tête la vieille leçon selon laquelle le chemin le plus aisé mène souvent à sa propre perte. Je m'accorde une pause pour me décontracter les jambes. Je scrute le ciel pour observer le mouvement des nuages. Et là, j'aperçois un truc incroyable. Un truc qui n'arrive jamais sur cette immense étendue glacée, à plus de six cents kilomètres des côtes. Un oiseau ! Un petit oiseau noir, je ne sais même pas de quelle espèce !

Il sort de nulle part, il est bien réel puisqu'il tournoie pendant quelques secondes au-dessus de ma tête. Je suis choqué. Je voudrais le prendre en photo, mais je n'arrive pas à mettre la main sur mon appareil, dans la poche de ma parka. Qu'est-ce qu'il fait là ? De quoi se nourrit-il ? L'hiver pétrifie la vie. Il n'y a personne dans ce désert de glace, aucun être humain, aucun animal. Il n'y a que moi. Moi et mon ombre.

Et si c'était une hallucination ? Ça m'est déjà arrivé au sommet du Gasherbrum, au Pakistan, ou du Makalu, au Népal, quand, à huit mille mètres, le cerveau manque cruellement d'oxygène. J'ai vu plein de choses étranges qui volaient autour de moi, des chiens à cinq pattes, des femmes en bikini… Mais là, je ne suis qu'à trois mille deux cents mètres d'altitude. Je ne rêve pas. Je suis fatigué, mais j'ai encore quelques neurones qui fonctionnent.

L'oiseau fait encore deux ou trois boucles dans l'azur puis, d'un simple claquement d'aile, il prend la direction de l'ouest. Je suis beaucoup moins pieux que ma mère, mais je crois aux forces spirituelles. Je me dis que cet oiseau n'a pas pu s'aventurer jusqu'ici par hasard. C'est forcément un message qu'on m'adresse. Un signe de là-haut. Un signe de Cathy. Je rechausse mes skis, j'attache mon traîneau. C'est décidé, je vais suivre l'oiseau. Je pars vers l'ouest…

9.

« Vis pour moi… Vis pour nous deux… » Tous les soirs, avant de me glisser dans mon duvet, je me laisse bercer par la musique qui sort de mes écouteurs. C'est toujours la même bande-son. Je n'ai qu'une seule playlist : celle que Cathy m'avait composée avec nos morceaux préférés pour ma précédente expédition au pôle Sud, en 2008. Je l'écoute sur le walkman avec batterie qui m'accompagnait déjà à l'époque. Je me souviens que ça lui avait pris un temps fou pour sélectionner et enregistrer toutes ces chansons une par une, C.D. par C.D. La bande dure presque dix heures. Je sais exactement quel morceau va défiler après lequel, et ainsi de suite.

Comment pourrais-je oublier ? C'était la fin de l'expédition. Je me trouvais sous ma tente plantée à quelques encablures du pôle Sud. Juste avant de téléphoner à la maison, je venais d'écouter « The Only Thing » de Sufjan Stevens. À la voix un peu tremblante de Cathy, j'ai tout de suite compris qu'elle avait une terrible nouvelle à m'annoncer. Elle venait d'apprendre qu'elle était atteinte d'un cancer.

— Je rentre tout de suite !

— Mais tu vas faire quoi, Mike, à la maison ? Ça ne changera rien.

— Je vais t'aider, te soutenir…

— C'est en faisant ce que tu fais que tu me soutiens. Je veux que tu continues. Je veux que tu te battes jusqu'au bout comme je vais le faire contre la maladie. Si tu arrêtes là, j'aurais l'impression que tu me laisses tomber.

Les mêmes morceaux, le même walkman. Les anciens tubes de Chris Isaak, James Blunt, Zucchero se relaient dans mes oreilles. C'est toujours un moment spécial quoi qu'il me soit arrivé dans la journée. J'oublie la dureté de l'expédition, je n'entends plus le vent qui siffle, les skis qui claquent, l'eau bouillante qui tambourine dans le réchaud. Ça ne me rend pas triste. Ça chasse mes doutes et ça m'apaise. Ça me rappelle pourquoi je suis ici. Et pourquoi demain je vais encore lutter. Je m'endors avec Phil Collins et j'ai l'impression que Cathy se trouve à mes côtés.

10.

Pendant deux jours, je ne sais pas vraiment si j'ai eu raison de suivre l'oiseau. Encore une fois, j'ai le sentiment de jouer mon expédition à quitte ou double. J'ai laissé en chemin un blizzard qui me faisait remonter à allure régulière vers le nord-est pour chercher un nouveau couloir de vent favorable plus à l'ouest. Et pour l'instant, je n'ai pas un poil de ma capuche en fourrure de travers… Ça ne souffle pas. J'ai l'impression d'être de retour sur mon *ice-shelf*. J'ai même remis les peaux de phoque sous mes skis. En même temps, j'y vois aussi la preuve que le vent qui me portait jusque-là était en voie d'extinction. N'empêche, là où la veille j'avais abattu cent quatorze kilomètres, j'en parcours à présent péniblement vingt-six.

Seule consolation, le ciel est limpide. Mais le froid devient de plus en plus vif. Il fait aux alentours de –25 °C. Ce n'est pas mon petit doigt qui me l'a dit, mais mon majeur gelé et amputé en 2003, et aussi l'annulaire dont j'ai perdu un bout dans l'explosion d'une mine en Angola. Quand la température devient polaire, ce sont les premiers à m'avertir. À travers mes moufles, le froid enfonce des aiguilles à tricoter dans chaque phalange. Question d'habitude.

*

Il me reste plus de mille cinq cents kilomètres pour parvenir jusqu'au pôle Sud et, au bas mot, deux mille huit cents supplémentaires pour rallier la base Dumont-d'Urville. Je n'arrive plus à savoir si c'est bien ou si c'est mal. Tout dépend des conditions de vent que je rencontrerai plus tard. Un jour, le sort me terrasse puis me réconforte. Et le lendemain, c'est l'inverse. Je suis blindé.

Dans mon carnet de bord, au soir du 26 décembre, je m'essaye à la philosophie : « Je suppose que chaque kilomètre est un progrès et cela doit me rendre heureux. C'est un étrange comportement humain que de vouloir toujours plus que ce que nous avons. »

Fataliste, mais pas trop. Le jour d'après, un vent léger se met à peine à souffler qu'il retombe déjà. Juste le temps d'extirper mon cerf-volant de son étui, d'étaler les soixante mètres de ficelles bien soigneusement, de me harnacher avant de me détacher pour tout ranger dans mon traîneau. Je commence à trouver que la plaisanterie a assez duré. J'en viendrais presque à regretter l'ascension des montagnes de la Reine-Maud et les décharges d'adrénaline à chaque passage de crevasse. Le soir, j'accroche un ruban de tissu à un bâton de ski planté dans la neige. Le matin, mon premier geste est de passer une tête hors de ma tente en espérant le voir battre sous le vent. Mais le ruban, sans vie, pendouille dans le vide. Je me lève comme un ressort, je suis prêt, et il n'y a nulle part où aller.

Je me remets à marcher. La croûte de glace en surface cède sous chacun de mes pas et mes skis s'enfoncent alors dans une profonde couche de neige. Ça me rappelle la fois où j'ai gravi le sommet du Makalu à plus de huit mille quatre cents mètres. L'impression qu'un piège se referme sur mes chevilles dès que je fais une enjambée. Casser la glace pour s'enliser dans de la neige molle est éreintant. D'accord, ça ne grimpe pas comme au Népal. Mais j'ai plus de deux cents kilos dans le coffre arrière, ça compense.

Ce soir-là, je monte ma tente très tôt, mais je me dis que c'est peut-être la dernière fois que ça m'arrive. Puisque les vents ne veulent pas venir à moi, je décide d'abattre la dernière carte qu'il me reste. Dès demain, je commence à modifier mon horloge biologique. Je sais comment m'y prendre pour que mes journées durent trente heures au lieu de vingt-quatre. Ça ne se fait pas par l'opération du Saint-Esprit, c'est juste une question de volonté.

Je l'ai déjà dit : mon emploi du temps est découpé selon un rituel quasi immuable. Quatorze heures de marche, d'escalade ou de ski-kite, cinq heures de repas, cinq heures de sommeil.

À première vue, on peut penser que je consacre beaucoup de temps à mes repas. Mais j'ai déjà donné la recette de mon petit déjeuner : six mille calories, ça ne s'expédie pas sur le pouce… Et puis, il me faut faire fondre la glace et avaler le plus d'eau possible. Jusqu'à six litres. Difficile de le faire cul sec ! Pourquoi je bois autant le matin ? Parce que je ne pourrai quasiment plus boire une goutte jusqu'au soir : l'eau gèle dans ma thermos. Ensuite, mes dîners n'ont rien à envier à mon brunch matinal. J'écrase un maximum de chips dans mon bortsch pour le rendre encore plus nourrissant. J'avale un demi-pain complet pour me rassasier. J'ai toujours la glace à faire fondre, en plus grande quantité encore que le matin, car après mon plat lyophilisé – bœuf Strogonoff, couscous poulet, chili con carne… –, je dois aussi faire réchauffer mon dessert – mousse au chocolat, riz au lait, crème caramel. La grande bouffe, version esquimaude. Et puis je bois encore et j'élimine dans une bouteille, ça me tient chaud la nuit quand je la pose contre mes pieds. L'ensemble de ces opérations dure près de trois heures et je ne dilapide pas une seule minute. Je ne m'embarrasse pas d'assiette ni de couverts, j'ai juste une cuillère qui me sert à tout. Dès qu'ils sont chauds, je mange mes plats dans leur sachet pour qu'ils ne gèlent pas.

Depuis le temps que je crapahute dans les régions polaires, ma routine est archirodée, je n'en connais pas de plus efficace. Et ce ne sont pas les petits besoins de la vie quotidienne qui me gênent aux entournures. Comme je n'ai pas envie de baisser mon pantalon par –30 °C, je fais tout ce que j'ai à faire dans le vestibule de ma tente. Après, je rebouche le trou avec de la neige. Ni vu ni connu. Et pour ma toilette, c'est encore plus simple : je ne me lave pas, ou si peu, en me frictionnant avec un morceau de glace tous les deux, trois jours. Vu que je dors tout habillé, autant écourter les ablutions.

Mon intimité ainsi dévoilée, il est facile de comprendre que, dans ma course perpétuelle contre le temps, je ne peux pas m'activer davantage. D'où l'idée de modifier mon horloge biologique. L'été austral n'impose pas le traditionnel découpage du jour et de la nuit. Si mes journées ne comptent plus vingt-quatre heures, comme tout un chacun, mais trente, la répétition de mes plages de réconfort et de repos sera moins fréquente. Je dormirai toujours cinq heures, la durée de mes repas ne changera pas, mais je ferai étape moins souvent. Et cela équivaudra à gagner vingt-quatre heures tous les quatre jours. La contrepartie, c'est qu'il va me falloir crapahuter pendant vingt heures d'affilée. Je ne pourrai sans doute pas le faire tout le temps. Pourtant, je me sens prêt à relever le défi. Il y a presque deux semaines que je suis sur mes skis. Certes, la fatigue est là. Mais la machine gagne en puissance. Au fil de mes efforts, je vois mes muscles qui gonflent, mon corps qui se durcit, ma peau qui s'épaissit. Avec cette cuirasse, je n'ai pas peur d'aller au combat.

*

L'oiseau avait raison. Ce 28 décembre, la journée a pourtant débuté comme les précédentes. Sous un ciel de cristal, j'ai commencé à marcher en direction de l'ouest sur le coup de six heures du matin. Mais, au bout de deux ou trois kilomètres, le vent tant attendu est enfin sorti de sa léthargie. Un fort blizzard s'est mis à souffler en direction du pôle Sud, balayant ma crainte de voir mon joli rêve s'échouer au beau milieu de nulle part. Je ne m'étais fié qu'à mon intuition et à un signe du destin pour dénicher cet hypothétique couloir de vent. J'avais marché, beaucoup, et douté, un peu. Et maintenant, la délivrance ! J'étais aussi soulagé qu'un automobiliste qui s'avance dans la nuit, un jerrican à la main, et qui aperçoit enfin une station-service ouverte.

Ne pas perdre une seconde, ne pas gâcher le moindre soupir de cet allié soudain. Le vent mugit dans mon dos, idéalement positionné pour me guider en ligne droite vers mon objectif. Je ne prends même pas la peine de troquer mes chaussures et mes skis de marche contre mon équipement de ski-kite. Je dégaine juste ma voile rose et noir de 6 m^2, puisque certaines rafales dépassent déjà les soixante kilomètres à l'heure, et je m'élance en boulet de canon au milieu d'un océan de glace aussi agité que les abords du cap Horn.

Très vite, j'ai l'impression de skier plein pot sur de redoutables déferlantes. Pour la première fois, mon cerf-volant me tracte à plus de quarante kilomètres à l'heure, je décolle sur le moindre bourrelet de glace, je rebondis sur des *sastrugi* aux arêtes coupantes, j'atterris sur un tapis de béton blanc. Mon corps encaisse toutes les secousses. Le harnais relié à mon traîneau menace de déboîter mes hanches. Les chocs martyrisent mes articulations, mes chevilles, mes genoux, tétanisent mes jambes et courent le long de ma colonne vertébrale comme des décharges électriques. À l'allure où je vais, je regrette d'avoir gardé mes chaussures de marche, trop souples, pas assez stables. Je regrette, mais c'est déjà trop tard.

Je bute sur un *sastruga*, mon pied droit m'envoie deux cents volts dans les cuisses, je décolle, je vole et j'atterris en piqué sur une moitié de ski… Bien fait pour moi ! Je n'avais qu'à ne pas me précipiter sur le premier coup de vent qui passe. J'aurais dû faire les choses dans l'ordre et chausser mon équipement de ski-kite. En croyant gagner quelques minutes, j'allais perdre des heures à réparer mon ski de marche, qui est brisé net derrière la semelle. C'est ma première casse matérielle de l'expédition, si l'on excepte les pépins mécaniques de *Pangaea*. Et je ne peux plus compter sur Jacek pour me bricoler ça.

Après un arrêt au stand d'une bonne demi-heure, le temps de ranger tout mon barda et de chausser les chaussures et les skis adéquats – j'ai choisi de ne pas monter ma tente pour faire mes lacets bien qu'il fasse –25 °C, je garde mes moufles et je m'y attelle avec la dextérité d'un enfant de quatre ans –, ma course folle reprend enfin son cours. C'est difficile d'estimer ma vitesse, car je n'ai aucun repère dans mon champ de vision, je fonce dans un tunnel tapissé de blanc, mais j'ai l'impression de frôler les cinquante kilomètres à l'heure à plusieurs reprises. Si j'essaye de slalomer entre les creux et les bosses en jouant sans cesse avec les lignes de mon cerf-volant et les carres de mes skis, il arrive souvent que mon traîneau percute une congère contre ma volonté. À l'extrémité de sa corde de douze mètres, il tangue et virevolte dans mon sillage de manière presque autonome. Je me dis qu'il est suffisamment lesté pour retomber sur ses patins. Jusqu'au moment où un monticule de glace plus retors que les autres le retourne comme un fétu de paille. Je ne vois rien, je n'entends rien tellement le vent siffle à mes oreilles, mais je comprends ce qui se passe en un dixième de seconde, car j'ai la sensation qu'un élastique est en train de se tendre dans mon dos tandis que ma voile cherche à m'arracher les bras.

*

Deux incidents en quelques heures, c'est beaucoup et c'est peu à la fois. Chaque jour, ou presque, mon rêve vacille et se remet d'aplomb. Il en faut plus pour m'anéantir. Je sais que les pires moments d'une expédition sont aussi les meilleurs quand on parvient à les surmonter. Cette fois, le temps que je dégonfle ma voile, le traîneau a glissé cul par-dessus tête pendant près d'une minute. Une belle entaille s'est formée dans sa bâche. Ma nuit risque d'être brève. J'aurai de quoi m'occuper sous la tente avec mon nécessaire à couture et ma trousse à outils pour réparer mon ski. En attendant, je calfeutre la toile avec une sangle supplémentaire et je remets les voiles à la poursuite de mon Graal. Avec moi, l'adversité n'aura pas le dernier mot.

Une cinquantaine de kilomètres plus loin, je décide de monter mon bivouac et mon échoppe de repriseur. Mon GPS indique que j'ai parcouru deux cent vingt kilomètres alors que j'avais entamé cette étape en déambulant dans l'immensité comme un pèlerin égaré. Je dîne et je recouds ma bâche avec le sentiment de refermer la plaie de ces journées d'errance. La fatigue et mes doigts piqués par le froid ne me facilitent pas la tâche, l'opération me prend un temps fou. Du coup, si je veux dormir un peu, je dois me résoudre à réparer mon ski de marche une autre fois. Ce n'est pas vraiment un problème : je possède une paire de rechange. À la limite, j'aurais presque pu me débarrasser de mon ski amputé plutôt que d'encombrer mon traîneau avec ses débris. Mais je garde tout avec moi, je ne laisse rien sur la glace. Juste un peu d'urine et d'excréments.

*

Le lendemain… Ou plutôt une poignée d'heures plus tard… En fait, depuis que je m'efforce de modifier mon horloge biologique, les notions de veille et de lendemain sont à prendre avec des pincettes, c'est tout juste si je me préoccupe de l'heure qu'il est. Je m'aperçois que ma vie n'est plus calée que sur la distance qui me sépare encore du Pôle… Bref, peu de temps après m'être arrêté, je me remets à avaler les kilomètres comme si je prenais un nouveau départ.

Le vent joue un peu avec mes nerfs. Il mollit puis se ravise et reprend de la vigueur au bout d'une dizaine d'heures. Je descends progressivement en altitude, passant de trois mille deux cents à deux mille huit cents mètres. Je ne skie plus jusqu'au bout du jour ou de la nuit, je skie jusqu'au bout de mes forces.

*

Au bout de mes forces, il y a la récompense. Le bivouac, le dîner, la chaleur de la flamme du réchaud puis la tiédeur de mon duvet. Pour en arriver là, chaque seconde m'est comptée. La discipline, encore et toujours, mon ultime alliée contre les morsures du gel et du blizzard. Je m'accorde moins d'une minute entre le moment où je déchausse mes skis et l'instant tant attendu où j'allume mon réchaud. J'ai choisi avec soin l'emplacement où j'ai planté ma tente, juste à côté d'un *sastruga* dont je briserai la glace pour la faire fondre. Ensuite, je pourrai dérouler les opérations les yeux fermés. Dans mon traîneau, mon équipement est soigneusement empilé comme les couches d'un millefeuille, selon un ordre immuable. D'abord la toile de tente, puis mon matelas, mon duvet, et enfin ma popote et mes sacs de nourriture. Tout doit me tomber sous la main automatiquement. Je n'ai pas le droit de perdre du temps à chercher un truc qui ne serait pas à sa place. Mes sacs de bouffe ont chacun une couleur différente, en fonction de ce qu'ils renferment. Je tiens à savoir ce que je vais manger. En général, lorsque je m'arrête, ça fait déjà deux heures que je fantasme sur mon repas du soir. Si je salive sur une volaille aux champignons, pas question de me farcir du saumon à l'oseille. Dîner au chaud, ou du moins à l'abri du froid, c'est mon seul luxe. Moins d'une minute, donc, pour bâtir et meubler ma maison de nylon. Quand je referme la glissière du vestibule, je tire le rideau sur ma procession quotidienne et ses vicissitudes. Je sais que je n'aurai plus à remettre le nez dehors jusqu'au lendemain. À cet instant, je suis chez moi et, exceptionnellement, c'est moi qui décide.

Préserver son espace vital dans les conditions les plus extrêmes, c'est la clé. Même si cet abri de fortune ne mesure pas plus de deux mètres carrés. J'y repense ce soir-là, en me remémorant la Coupe du monde de football en 2014, au Brésil. J'ai beau me trouver à des années-lumière des plages de Copacabana, il y a un rapport, et même un rapport très étroit. Pour l'occasion, j'œuvrais à titre exceptionnel comme coach mental au sein de l'équipe d'Allemagne, managée par Joachim Low et Oliver Bierhoff. Il se trouve que la Mannschaft a atteint la finale, cette année-là, et même qu'elle a été sacrée championne du monde en terrassant l'Argentine du prodige Lionel Messi. Avant d'aborder ce match, j'avais expliqué aux joueurs allemands qu'à mon sens la recette du succès résidait dans leur capacité à restreindre au maximum l'espace vital du meilleur joueur du monde. Il fallait le presser, l'oppresser, sans cesse, durant quatre-vingt-dix minutes, qu'il ne distingue autour de lui que des maillots blancs dès qu'il touchait le ballon et que, dans ces conditions-là, même le meilleur joueur du monde y perdrait son football. Et c'est ce qui s'est passé. Ils ne lui ont pas laissé une seule seconde, un seul mètre de répit et l'Argentine a fini par sombrer avec lui.

Sous ma tente, je suis comme Messi face aux Allemands. Le danger m'assiège. Chaque jour, les *sastrugi* me blessent, le froid grignote un peu plus mes défenses. Derrière la paroi de toile, le vent furieux crache des sifflements lugubres comme s'il voulait m'avertir de ma fin prochaine. Mon espace vital paraît toujours plus restreint. Mais il tient. Et tant qu'il tient, moi aussi, je tiens.

*

Au soir du 30 décembre, après avoir parcouru presque d'un seul trait trois cent trente-cinq kilomètres en un peu plus de quarante-huit heures, je me trouve très exactement à neuf cent quatre-vingt-dix-huit kilomètres du Pôle. Et une fois le dîner englouti, je prends quelques minutes pour scier mon ski de marche non endommagé à la hauteur où l'autre a cassé, derrière la semelle. Puis, après avoir déplacé leurs fixations à tous les deux, j'obtiens une magnifique paire de miniskis… Partout ailleurs, le monde s'est arrêté de tourner, les gens sont en vacances, les familles ne pensent plus qu'à la fête et au réveillon. Moi, demain, pour le dernier jour de l'année, j'ai envie de frapper un grand coup et de me tuer à la tâche.

Ce n'est pas du masochisme. C'est l'un des petits plaisirs égoïstes que l'on peut s'offrir quand on est seul au monde. Ne dépendre de rien ni de personne. Vivre sans entraves en assumant les risques qu'on prend. Et je les assume, tous, car je sais que sans responsabilités, il n'y a pas de vraie liberté.

*

Le grand coup pour ce 31, ça va être de battre mon record de distance et de laisser derrière moi plus de deux cent trente kilomètres d'un champ de bataille hérissé de saillies sans même prendre le temps de m'arrêter pour me décontracter les jambes ou pour avaler une barre chocolatée. Ma responsabilité, c'est d'avoir poussé la machine dans ses derniers retranchements et de ne pas avoir prêté attention à la bâche de mon traîneau qui s'est à nouveau déchirée sans que la luge se retourne, juste sous le coup des cahots à répétition et de mon train d'enfer.

Je n'ai aucune idée du moment où ça s'est produit. Quand le souffle glacé du blizzard me propulse à la vitesse d'un nuage traversant le ciel, toutes mes terminaisons nerveuses ne font qu'une pour éviter la chute. Je ne regarde que ma voile sauf quand, d'un coup d'œil stroboscopique, j'essaye de balayer le relief qui se présente sous mes spatules. Je ne me retourne pas au moindre choc pour voir si mon traîneau est toujours là. Évidemment qu'il est toujours là et en un seul morceau : sa corde est en Kevlar, il est lui-même en Kevlar. Je sais que ma bâche est bien serrée, que tout le matériel à l'intérieur est compacté et compartimenté selon ma fameuse technique de rangement déjà exposée en partie.

Les objets les plus lourds, réserves de fuel et de nourriture, sont placés au fond de la luge afin de me servir de leur poids comme d'un ballast. À l'avant, il y a mes cerfs-volants et ma tente. Et au milieu, mon matelas et mon sac de couchage enroulé comme une protection autour de mes ustensiles de cuisine : tasse, cuillère, couteau de poche, fouet pour mélanger la poudre de mes plats lyophilisés. Et surtout mon réchaud avec sa casserole sur mesure. Tout est aligné au millimètre. Le système a fait la preuve de son efficacité. Ça fait plus de quinze ans que j'arpente la banquise avec ma maison dans mon traîneau. Je ne vais pas vérifier toutes les cinq minutes si la cuisine est toujours à sa place comme un pauvre bougre en proie à des troubles compulsifs.

Cette nuit-là d'ailleurs, je ne m'aperçois pas tout de suite de l'ampleur du désastre. Au terme de mon marathon, je m'empresse d'abord de planter ma tente. Le blizzard souffle si fort que je suis obligé d'enchaîner toutes les manipulations en me tenant à genoux ou à plat ventre pour laisser le moins de prise possible au vent glacé. Depuis une semaine, j'ai l'impression de m'aventurer dans une chambre froide dont le thermostat est baissé de un ou deux degrés supplémentaires chaque jour par une main anonyme. Je dis ça, mais c'est au doigt mouillé. Car si j'ai un téléphone équipé d'une fonction thermométrique – il suffit de le pointer vers l'extérieur et il donne la température au degré près –, je ne m'en sers presque pas. Pas pour l'instant. La peau de mon visage est aussi appétissante que du colin surgelé et, pourtant, je sais que je n'en suis qu'aux préliminaires de mon combat contre le froid. Le gong résonnera après le pôle Sud, dans le dernier tronçon de mon voyage. Pour l'heure, il doit faire –30 °C, mais avec ces bourrasques, c'est comme s'il faisait cinq ou six degrés de moins.

Bref, j'entrouvre un pan de bâche à l'avant de la luge, je saisis ma toile, ses sardines en forme de pelles, très larges pour s'ancrer solidement dans la glace, puis je monte mon abri en rampant. Trente secondes plus tard, je cale mon traîneau et je l'arrime à ma tente. Ensuite, toujours sans défaire la sangle qui enserre le milieu de la bâche, je me saisis de mon matelas et de mon sac de couchage roulé en boule. C'est au moment d'agencer mon petit chez-moi – le matelas côté soleil pour réchauffer un peu mon sommeil à travers la toile de tente – que je découvre qu'il me manque quelque chose. Quelque chose d'essentiel. Mon réchaud, ma popote… Je ne peux pas y croire ! Tout sauf ça ! C'est comme si je me retrouvais à poil à huit mille mètres d'altitude.

Je me persuade qu'ils ont dû glisser du sac de couchage et qu'ils traînent au milieu du traîneau avec le reste des ustensiles de cuisine. Je remets mon nez piqueté d'engelures dans le vent pour fouiller ma luge. Nada ! Que dalle... Je m'apprête à ouvrir la bâche entièrement pour en avoir le cœur net. Et là, je ne sens plus le froid ni les échardes de glace que le blizzard plante dans mon visage.

Au moment de défaire la sangle du milieu, je découvre une déchirure béante sur le côté de la toile... Même pas à l'endroit où j'avais recousu la bâche quelques jours plus tôt. Non, juste à côté de la sangle. Sûrement qu'il y a dû y avoir un frottement avec la partie de saute-mouton qu'on a faite aujourd'hui, un peu d'usure aussi, enfin je n'en sais rien, je m'en fous, la catastrophe est actée : tout le matériel dont j'ai besoin pour me faire la bouffe a glissé du sac de couchage et a été éjecté du traîneau sans que j'aie la moindre idée du moment et de l'endroit où ça s'est passé. On a été bien secoués, mais je n'ai pas eu d'accident, la luge ne s'est pas retournée une seule fois.

Je suis tellement sonné que mon premier réflexe est de remonter à pied le sillage de mon traîneau pour vérifier si je n'ai pas perdu ma précieuse cargaison à proximité de mon campement. Je marche deux ou trois cents mètres comme ça, dans un brouillard floconneux, en titubant comme un zombie, avant de me rendre à la raison. Je ne vais quand même pas refaire tout le chemin à l'envers, deux cent trente kilomètres en ligne droite, plus de deux cent soixante en tenant compte de mon slalom, alors que le vent est déjà en train de recouvrir mes propres traces... Cinq cents kilomètres aller-retour sans aucune garantie de succès, c'est une fantaisie que je ne peux pas m'offrir, vu mon problème de calendrier.

Je retourne m'abriter sous ma tente. Là, pendant quelques minutes, je remâche encore les événements, je tente de reconstituer mon parcours, je me parle tout seul. « Je suis sûr que c'est tombé vers le kilomètre 160, je me rappelle, c'était bourré de *sastrugi*… Faut que j'y retourne… Oui mais non, ce n'est pas raisonnable… » En fait, cette histoire me rend fou. Ce n'est pas tant la perte de mon réchaud qui me met dans cet état : j'en ai un de rechange, même s'il n'a rien à voir avec l'original. Ma tasse, ma cuillère en plastique incassable, mon couteau de poche ? Ennuyeux, mais je n'étais pas parti, non plus, pour postuler à un concours de maintien et de savoir-vivre : je peux manger avec les doigts. Mais ma casserole ! Impossible d'en faire le deuil… Avec son réchaud intégré, elle parcourt le monde avec moi depuis près de quinze ans. Une unité de cuisson complète, faite sur mesure, sans aucune déperdition de chaleur… L'outil indispensable, avec sa grande contenance, quand il s'agit de faire bouillir cinq litres de glace sans que ça dure la nuit entière. Et là, qu'est-ce qu'il me reste ? Un réchaud de campeur du dimanche avec sa flamme qui chancelle au premier éternuement et rien à mettre dessus pour me faire à manger !

*

Je regarde l'heure : minuit passé. Au moins, je n'ai pas perdu mon téléphone satellite. Faut que j'appelle les filles pour leur souhaiter la bonne année. Annika est chez des amis pour l'occasion. Je suis tellement sous le choc que je ne lui cache rien de ma mésaventure.

— Sinon, j'ai perdu toute ma popote aujourd'hui, le réchaud avec la casserole…

— Oh ! non, paps, ce n'est pas vrai…

— Si, si… Je ne sais pas encore comment je vais faire, mais je suis sûr que je vais trouver…

Dès que je raccroche, je regrette mes paroles. Je n'aurais jamais dû lui raconter ça alors qu'elle était en train de s'amuser avec ses copains. Dans sa voix, j'ai senti comme des sanglots qu'elle cherchait à réprimer. Elle sait mieux que quiconque ce que cette perte signifie pour moi. Plus tard, elle m'avouera que ce soir-là, elle a pensé que j'avais presque un pied dans la tombe.

Pas tout à fait, quand même. Ce coup de fil m'a aidé à reprendre mes esprits. Je retourne à mon traîneau, je sors de leur sac mon réchaud de secours, ma trousse de bricolage, une pompe d'amorçage et une recharge de fuel. Dans la tente, je bidouille un peu les pas de vis du réchaud pour pouvoir brancher l'alimentation, je tends mon briquet : ça marche. Maintenant, je sais comment m'y prendre. Je vais me servir de mon grand thermos, celui de 1,5 litre, mettre de la neige dedans, et puisque je ne peux rien poser sur mon réchaud, je le maintiendrai au-dessus de la flamme jusqu'à ce que l'eau bouille. Ça me ramènera un peu au temps des cavernes, il va falloir répéter l'opération plusieurs fois avant de savourer mon couscous, mais, au moins, je suis sauvé.

La thermos est conçue pour conserver le froid aussi bien que la chaleur. Elle possède une double paroi et l'isolation se crée par l'air circulant entre ses deux parois, comme un double vitrage. Je fourre la neige à l'intérieur et je la tiens donc au-dessus de la flamme pendant dix minutes. J'ouvre la thermos. De la neige. La paroi extérieure me crame les doigts, mais l'intérieur est trop isolé : ça ne chauffe pas.

J'engloutis une barre chocolatée d'une seule bouchée, je commence vraiment à avoir très soif. La situation n'est pas désespérée, mais elle commence à devenir critique. J'ai remarqué que c'est souvent là que je donne le meilleur de moi-même.

Je crois que j'ai une idée.

11.

« Vis pour moi… Vis pour nous deux… » Dans la playlist de Cathy, il y a un titre de Gareth Pearson, *Beauty of Discipline*, qu'on croirait écrit pour moi. La beauté de la discipline… Je sais qu'aux yeux de certains, je passe pour un type un peu frappadingue qui mange des scorpions au petit déjeuner et ne se sent bien qu'à des années-lumière de la société. Un réfractaire qui ne se plie à aucune règle et n'obéit qu'à l'appel de l'adrénaline. C'est faux. On ne fait pas plus docile et cartésien que moi. Je suis un adepte forcené de la discipline. La mienne, pas celle des autres.

Je n'aurais pas réussi à marcher si longtemps au bord du gouffre sans avoir mûrement réfléchi aux conséquences de chacun de mes actes. Il y a une vingtaine d'années, quand j'ai commencé à me lancer dans les expéditions à haut risque, nous étions une douzaine d'explorateurs à pratiquer ce genre de sport. Nous ne sommes plus que trois ou quatre. Tous les autres sont morts. Peut-être qu'un jour je ferai le pas de trop et je chuterai, moi aussi, de la falaise. Je m'y suis préparé. Mais mon tour est loin d'être venu.

Depuis bientôt trois semaines que je suis sur mes skis, je sens parfois que mon corps renâcle, même si le plus dur reste encore à venir. Je n'ai plus trente ans, mais cinquante. J'ai gagné en expérience ce que j'ai perdu en fougue. Au début, pour planter un clou, je tapais comme un sourd. Aujourd'hui, je sais que le poids du marteau suffit.

Je n'aime pas qu'on pense que je n'ai aucun respect pour la vie sous prétexte que je flirte en permanence avec le danger. D'abord, je m'efforce de ne jamais mettre en péril celle des autres en refusant tout concours extérieur. Ensuite, j'ai un vieux contrat tacite qui m'a toujours lié aux miens. Cathy ne m'a jamais retenu auprès d'elle quand je partais à l'aventure. Elle se préoccupait juste de savoir si j'avais pris mon billet retour. « Va, Mike, va jusqu'au bout ! Mais, surtout, reviens-nous vivant... » Aujourd'hui, c'est avec les filles que j'ai noué ce pacte.

*

Je respecte la vie plus que tout parce que j'ai vu la mort à un âge où l'on ne devrait pas la côtoyer de si près. À dix-neuf ans, je me suis engagé dans les forces spéciales sud-africaines alors que la guérilla contre les communistes battait son plein au nord et à l'ouest du pays. Nous sommes en 1985, la politique d'apartheid est encore en vigueur pour quelques années. Je ne m'engage pas par idéal – je n'ai jamais voté –, mais je veux venger les victimes des attentats aveugles qui ensanglantent le pays aux frontières de l'Angola et de la future Namibie. Je veux surtout devenir un homme le plus vite possible, car mon père vient d'être foudroyé par un cancer de l'estomac.

Jeune lieutenant au 101e bataillon, j'ai pour mission de traquer les terroristes et les rebelles soutenus par l'URSS et Cuba qui, après avoir frappé, se dispersent dans la brousse et s'évanouissent en un clin d'œil. C'est une guérilla sporadique truffée de pièges et d'embuscades, la « guerre des gorilles » comme on l'appelle à l'époque. Sous mes yeux, des compagnons d'armes se font déchiqueter après avoir posé le pied sur une mine. En un éclair, dans les sous-bois qui bordent la savane, l'affrontement fait rage. Ça défouraille de partout. On ramasse les morts des deux côtés. Est-ce que j'ai tué ? Peut-être. Je préfère ne pas savoir. Ça va si vite, ça tire tellement dans tous les sens. Sur le coup, on n'est jamais sûr de rien. Ensuite, on s'arrange avec sa conscience.

À la tête d'une trentaine d'hommes, je suis le seul Blanc de la troupe. Ceux qui sont sous mes ordres sont parfois d'anciens terroristes retournés par les services de renseignement. D'emblée, ces briscards du fusil-mitrailleur me font comprendre que ce n'est pas un gamin, blanc de surcroît, qui va décider de ce qu'ils doivent faire. Dans le bush, malgré mon statut de gradé, j'hésite à marcher devant eux. J'ai trop peur qu'un de ces gars ne me tire dans le dos.

Il me faudra du temps pour conquérir leur loyauté. Jusqu'à ce jour où je perds la moitié d'un doigt alors que je me tiens dans la tourelle d'une automitrailleuse soulevée de terre par une mine. Sous le choc, mon doigt est broyé par le fusil-mitrailleur qui effectue un trois cent soixante degrés. Je pisse le sang tandis que le feu des kalachnikovs adverses fait rage. Ça ne m'empêche pas de diriger la manœuvre d'encerclement à l'aide des véhicules de notre colonne ayant échappé à l'embuscade. Ce jour-là, nous capturons une cinquantaine d'ennemis sans déplorer la moindre perte humaine.

J'ai dix-neuf ans, j'ai vu le sang et respiré l'odeur âcre de la mort à un âge où la vie devrait être plus suave qu'un pot de miel. Je dis à mes hommes désormais au garde-à-vous : « Gagner la guerre, ce n'est pas tuer un maximum d'ennemis. Quand ils sont morts, ils ne nous servent à rien. »

J'ai soigné mes blessures et, l'année suivante, au terme d'une ultime mission d'infiltration, je suis retourné à Johannesburg, à ma famille, à mes études. En tant que fils aîné, avant de m'engager, j'en avais fait le serment à ma mère. Au fond, la guerre en tant que telle ne m'intéressait pas. Si j'y suis parti si jeune, c'était uniquement pour me prouver que j'étais capable d'en revenir vivant.

J'ai beaucoup pensé au 101e bataillon et à l'Angola ces dernières semaines. Surtout quand j'étais cerné par les crevasses dans les montagnes de la Reine-Maud. En débusquant les failles qui se dissimulaient sous la glace, je me suis revu, trente ans en arrière, cherchant à éviter les mines enfouies sous une pelletée de terre. La promesse que j'ai faite aux miens tient toujours. Si je me suis lancé dans ce défi insensé, ce n'est pas pour danser avec la mort. Ma seule motivation, c'est d'en sortir vivant.

12.

Qu’est-ce que j’ai à ma disposition comme récipient ? Qu’est-ce qu’il me reste encore ? Une des bouteilles de fuel usagées que j’ai stockées au fond du traîneau… Contenance soixante-quinze centilitres. Contre cinq litres pour ma casserole. En clair, il va me falloir répéter six fois la même opération, matin et soir, pour faire fondre la glace et obtenir ma ration d’eau quotidienne. Si ça marche…

Et ça marche. Je scie le goulot de la bouteille en aluminium avec la mini-scie à main qui m’a servi à ratiboiser mon ski cassé, je perce des trous avec une mèche, je crée une anse avec du fil de fer, et pour finir, je pends le récipient au-dessus du réchaud en la reliant par une corde à l’arceau qui maintient le toit de ma tente… C’est beau comme de l’art contemporain, ça me prend un quart d’heure pour transformer un litre de glace en eau, mais je suis presque aussi fier qui si j’avais inventé la machine à vapeur…

Le temps de me désaltérer avec un breuvage au léger goût d’essence, et j’aperçois déjà le nouveau problème qui va se poser à moi dans les prochaines semaines.

Le Cap, 18 novembre 2016

© Dawn Sarasin

Mes filles, Jessica et Annika. Le 18 novembre, je quitte Le Cap pour l'Antarctique. Beaucoup d'embrassades et quelques larmes vite essuyées. J'étreins ma mère une dernière fois. J'agrippe les filles par les épaules et l'on reste soudés comme ça, comme un pack de rugby, pendant de longues secondes.

© Dawn Sarasin

À bord du *Pangaea*

© Dmitry Sharomov

Avec Steve, nous évaluons les possibles lieux d'arrivée en Antarctique pour déterminer le chemin le plus long, notre objectif. C'est toujours bon d'avoir des plans A, B, C et D. Ce n'est pas nous qui décidons, mais l'Antarctique. Dans cette aventure, tout n'est qu'inconnu.

© Dmitry Sharomov

© Dmitry Sharomov

Il nous faudra trois semaines de navigation à bord du *Pangaea* pour atteindre l'Antarctique. Accroché au mât, je cherche un passage à travers la glace. Ce franchissement sera, je le sais, une course contre la montre. On laisse tomber les « C'est joli ! » et compagnie… Ce n'est plus le sujet. Désormais le sujet, c'est : danger mortel ou non ?

© Dmitry Sharomov

Coincés dans la glace, sans avoir nulle part où aller, à la merci de la nature. Il faut se doter de patience pour attendre que les conditions météorologiques s'améliorent… ou se détériorent. Cette nuit, il a neigé sur *Pangaea*.

© Dirk Collins

© Dmitry Sharomov

Dans ce labyrinthe de glace, chaque passage mène vers l'inconnu. Les icebergs sont en constant mouvement, il y a toujours un risque de se retrouver écrasé entre deux massifs de glace. Ils bougent avec le vent, le courant, et jamais à la même vitesse.

© Dmitry Sharomov

À chaque fois que nous percutons un bloc de glace, *Pangaea* vacille comme un boxeur sonné. Mais il repart toujours au combat. Quand la glace bouge sous la coque, elle fait sortir notre bateau de l'eau qui vient alors se poser sur la banquise.

© Dirk Collins

Au milieu des icebergs

© Dmitry Sharomov

Au matin du 9 décembre, j'attrape ma paire de jumelles : deux manchots empereurs en train de couver leur progéniture. Je me dis : « Eux, c'est sûr, ils ne vont pas mettre leurs bébés sur de la glace qui dérive, s'ils sont là, ça veut dire que c'est solide et stable. » On peut débarquer.

Le point de déchargement. La mer gelée et la barrière de glace nous ont arrêtés à deux cents kilomètres du continent Antarctique.

Le point de non-retour. Quand je verrai *Pangaea* s'éloigner, il faudra que je prenne soin de moi. Aucun sauvetage n'est possible ou même planifié.

À l'assaut de l'Antarctique

© Dmitry Sharomov

Mon équipage, une belle bande de potes. C'est ce qui me plaît dans cette confrérie de bric et de broc. Tout le monde est là pour apprendre et c'est ainsi que naît l'émulation. Je préfère cent fois ma tribu de chics types et de gamins enthousiastes aux équipages de professionnels qui, à l'avance, savent tout sur tout.

© Dmitry Sharomov

Qu'est-ce que j'ai mis dans ma luge pour qu'elle pèse aussi lourd ? J'ai pourtant pris le risque de laisser l'équivalent d'un mois de nourriture sur le bateau. Les quarante litres de fuel, je ne pouvais pas faire moins, c'est avec ça que je vais faire fondre la glace pour boire et préparer mes plats lyophilisés.

© Dmitry Sharomov

Vérification du matériel. Mon système de ski-kite consiste en un cerf-volant attaché à un harnais autour de mes épaules et de mes hanches. Pour plus de sécurité, je suis équipé d'un système de blocage au cas où je perdrais le contrôle de mon cerf-volant.

© Dmitry Sharomov

Voilà, je me serai lancé dans l'aventure le 13 décembre à dix heures du matin. Dans mon dos, je sens encore leurs regards et leur chaleur. Quelques applaudissements maigrelets s'envolent dans un ciel blanc. Tout devient si fragile, si insignifiant face à une telle immensité.

Des conditions extrêmes

Il fait froid à -50 °C… Je dois protéger mes yeux pour éviter à mes cornées de se congeler. Parfois, j'ai du mal à croire que je suis sur la planète Terre. Une seule petite erreur peut suffire à vous faire perdre la vie. Chaque jour vous devez faire mieux que la veille. Ou bien vous n'atteindrez jamais l'autre côté.

La surface de l'Antarctique n'est pas plate, les *sastrugi* rendent la progression très difficile et dangereuse. Lorsque les fils de mon cerf-volant se retrouvent coincés dans ces masses blanches, c'est un cauchemar de tout recommencer.

Il m'arrive de devoir changer les voiles de mon cerf-volant cinq fois en une journée. C'est très dangereux de s'en détacher. Une fois, j'ai failli tout perdre. Mon cerf-volant s'est envolé alors que je n'y étais pas accroché, entraînant le traîneau avec lui.

Quand on chute dans une crevasse, en Antarctique, on n'en revient pas. Parfois, les *sastrugi* faisaient deux fois ma taille. On peut donc imaginer ma peur lorsque, le 6 janvier au matin, je les percute après avoir perdu le contrôle de mon cerf-volant.

Ma tente, fragile refuge

© Mike Horn

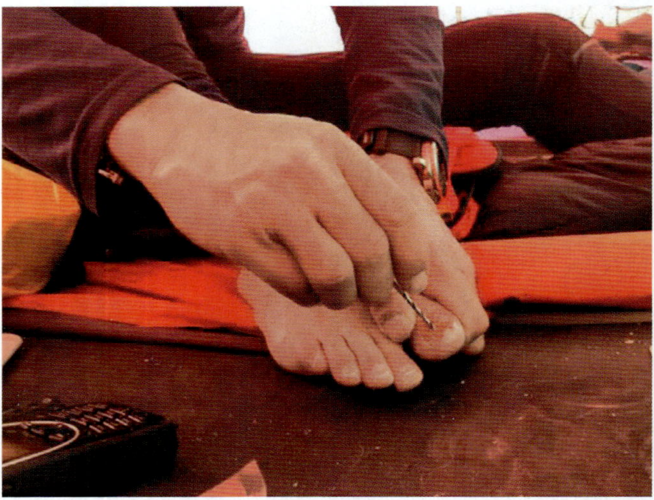

© Mike Horn

Quand j'enlève mes chaussures, j'entends les os qui craquent. Je chausse du 45, mais j'ai l'impression d'extirper mes pieds d'une taille 28. Mes orteils sont à moitié gelés, leurs ongles fendus et noirâtres. Ça saigne à l'extérieur et à l'intérieur. Il faut que je trouve un moyen de drainer, ne serait-ce que provisoirement, ces œdèmes…

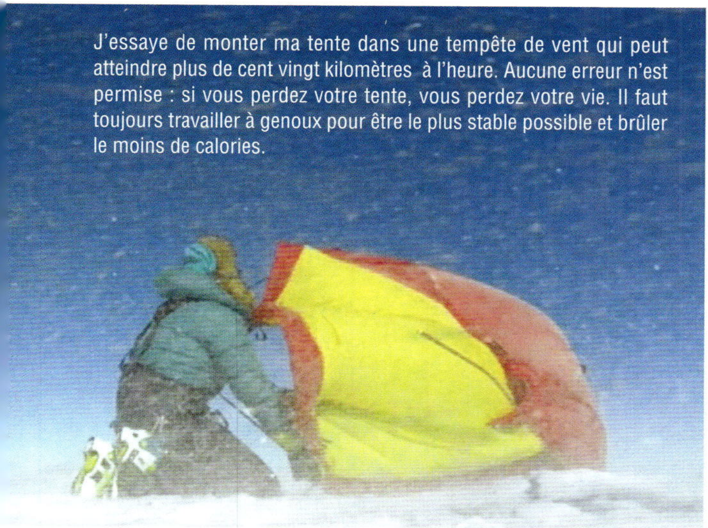

J'essaye de monter ma tente dans une tempête de vent qui peut atteindre plus de cent vingt kilomètres à l'heure. Aucune erreur n'est permise : si vous perdez votre tente, vous perdez votre vie. Il faut toujours travailler à genoux pour être le plus stable possible et brûler le moins de calories.

Dehors, il fait trop froid pour démêler les fils de mon cerf-volant. Je perds un temps précieux sous la tente à mettre de l'ordre dans cette pelote. Parfois, à cause de ce travail monstre, je ne dors que deux heures par nuit.

Une course contre la montre

© D.R.

Heureux d'atteindre le pôle Sud même si le plus dur de l'aventure est à venir. Je ne pensais pas m'y arrêter mais l'endroit est magique. Alors, un court moment, ce 9 janvier, je m'accorde une pause.

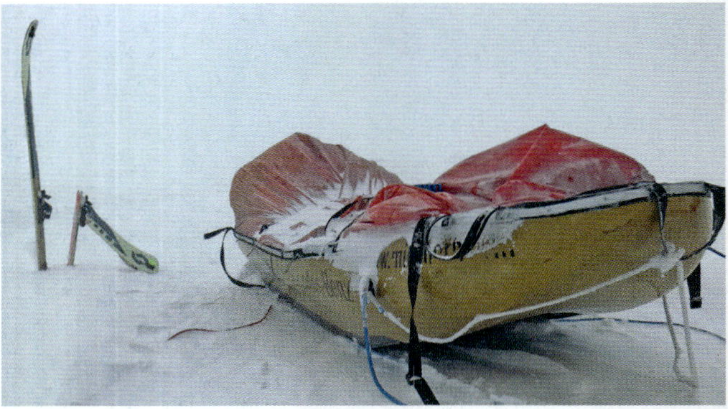

© Mike Horn

Mes skis cassés dans des conditions atmosphériques de voile blanc. Quand vous ne voyez plus les *sastrugi*, le risque de tomber et de casser son matériel est immense.

© Mike Horn

Le soleil s'apprête à se coucher derrière l'horizon, il va faire froid, très froid. Je dois courir pour ne pas être pris au piège de l'hiver et rester en vie. J'arrête de monter ma tente, je n'ai plus une minute à perdre. Cette nuit-là, je ne dormirai que de très courtes périodes sur la glace… comme un chien de traîneau couvert de neige.

Cap Prud'homme, le 7 février

© Mike Horn

À deux kilomètres de l'arrivée, le 7 février, le glacier dessine une dernière bosse. En contrebas, j'aperçois la piste d'atterrissage et les tracteurs de la base logistique franco-italienne de Cap Prud'homme. J'ai envie de marquer le coup, de m'offrir une dernière sensation : j'enfourche mon traîneau, je me tiens à une sangle et j'effectue la descente à fond la caisse, comme sur une luge.

Le rêve d'une vie

© Mike Horn

La fin ! Derrière moi, la calotte glacière, devant moi, l'océan. 5 100 kilomètres en 57 jours… Cette expérience surpasse toutes celles que j'ai vécues jusque-là. Personne ne me donnait une chance d'aller au bout de mon rêve. Il fallait sans doute que j'en réchappe pour leur donner raison. Maintenant, je peux le dire. Maintenant que je l'ai fait, je sais que c'était impossible.

© Dmitry Sharomov

Tant que je serai en vie, l'aventure continuera. La prochaine me guidera jusqu'au pôle Nord, dans les mois, les années qui viennent. Je la mènerai avec mes filles. Je n'ai plus qu'elles. Après tout ce que nous avons traversé depuis trois ans, nous formons un attelage indestructible.

Ma popote de fortune consomme beaucoup trop de fuel. Mon réchaud doit rester allumé plusieurs heures par jour, et la bouteille qui me sert de casserole ne conserve pas bien la chaleur. Je n'ai pas d'autre solution que de me rationner car, pour le fuel comme pour la nourriture, j'ai calculé au plus juste sans emporter d'excédent de bagages. Et, naturellement, il est hors de question que je profite de mon passage au pôle Sud pour procéder à un quelconque ravitaillement. Car, et c'est quand même la bonne nouvelle du jour, je commence enfin à entrevoir mon premier objectif.

À la louche, si j'ose dire – car je n'ai plus de couverts et je suis contraint désormais de me servir du manche de ma brosse à chaussures pour manger ma pitance –, le Pôle n'est plus qu'à sept cent cinquante kilomètres. Les ennuis s'abattent sur moi comme les rafales de blizzard, mais je n'amuse pas le terrain. Ma moyenne des derniers jours m'autorise même à penser que je suis en train de rattraper une partie de mon retard.

Dans l'idéal, j'aurais aimé fêter mon passage au pôle Sud en même temps que la nouvelle année. Tant pis. S'il ne m'arrive pas d'autres tuiles, j'y serai dans moins d'une semaine. Ça me laisse près de deux mois, ensuite, pour glisser vers l'inconnu et les côtes de la mer d'Urville sans que l'hiver me rattrape. C'est jouable, mais il ne faut pas mollir.

Je ne mollis pas. Cette nuit-là, je me cale avec une double ration de spaghettis *alla primavera* et je ne m'accorde qu'une petite heure de sommeil. Ensuite, je passe la cinquième et je dépote en me laissant porter par des vents favorables et en me jouant des chicanes de glace malgré mes pieds qui demandent grâce, comprimés vingt heures par jour dans mes chaussures de ski. Ça ne m'empêche pas de réfléchir à la meilleure façon d'économiser mes réserves de fuel.

Deux jours et trois cents kilomètres plus tard, j'ai trouvé la parade. Ce n'est pas une solution miracle – ça n'existe pas quand on est seul dans la région –, mais une manière de diminuer ma consommation d'eau, donc de fuel, même si mon organisme doit en payer le prix. Déjà, je vais boire un petit peu moins, disons que je vais me priver de un litre d'eau le matin. Je ne peux pas aller au-delà. L'eau, c'est vraiment ma source de survie, mon équilibre interne, plus encore que la nourriture. Si mon estomac est plein d'eau, je suis bien, enfin je ne suis pas trop mal. Ça masque la pénurie, le reste en devient presque accessoire.

Du coup, je décide de concentrer l'essentiel de mes sacrifices sur mon mode d'alimentation. Avec ma plaque de cuisson improvisée, il me faut autant de temps et de fuel pour faire bouillir trois litres que six avec l'ancien système. Je m'en contenterai. Je ne me délecterai plus de mes plats lyophilisés qu'un jour sur deux. Je compenserai avec des barres énergétiques, des boules de graisse, de la viande séchée d'Afrique du Sud… Plus de desserts non plus. Je préfère garder l'eau pour boire et pisser dans ma bouteille avant de me glisser dans mon duvet. Ma bouillotte me tiendra plus chaud durant la nuit qu'une mousse au chocolat.

Évidemment, il y aura des séquelles. J'ai déjà l'impression d'avoir perdu quatre ou cinq kilos depuis que j'ai quitté le bateau. Mon corps est sec comme un pain de trois jours. Je flotte dans mes sous-pulls, je n'ai plus que des veines et des muscles sous la peau. Mais l'aventure continue, c'est le principal. J'ai toute la vie devant moi pour me taper des bons gueuletons et me frotter la bedaine. Mon rêve d'enfant, lui, est périssable. C'est ici que ça se passe. Ici et maintenant.

N'empêche, cette histoire de casserole perdue n'a pas entamé que mon régime alimentaire. Elle me fait mal au cœur. Plus qu'à tout autre objet, j'y étais profondément attaché. Elle m'accompagnait partout, elle m'était fidèle. Dans toutes mes expéditions, sa présence, ce bruissement qu'elle faisait – *rrrrooarr*… – dès l'instant où je la posais sur la flamme étaient synonymes de plaisir lorsque je rentrais éreinté sous ma tente. Avec elle, j'éprouvais un sentiment de bien-être et de sécurité. Ma casserole me manque d'un point de vue pratique, mais aussi affectif. Finalement, les filles avaient raison de dire que j'étais dur et tendre à la fois. Ça ne se voit pas au premier coup d'œil, mais je suis un type avec des sentiments.

*

À défaut de plats en sauce, j'avale des distances de plus en plus corsées. Près de trois cents kilomètres en quarante-huit heures, dont une bonne moitié au milieu d'un champ de bataille tapissé de neige molle, et le jour d'après cent soixante-quinze kilomètres supplémentaires. Ça doit être le pôle Sud magnétique qui m'aimante comme ça.

J'ai prouvé aux filles qu'il y a un cœur qui bat sous mon épaisse carapace, il n'est pas trop tard pour faire preuve d'esprit là où d'habitude je me contente d'un e-mail laconique résumant les aléas de ma transhumance au kilométrage parcouru et aux conditions météo.

Ce jour-là, après avoir planté ma tente sur le coup de midi, puisque je suis en total décalage, je dévoile mes pensées du jour à Annika et Jessica qui passent les fêtes de fin d'année ensemble à Lausanne. On frôle le haïku : « Commence à apprécier ce que tu détestes, alors la paix apaisera ton esprit. N'attends rien. Que ce qui doit arriver arrive, et à partir de ce moment-là, la bataille sera gagnée… »

Pour l'heure, ce qui arrive, c'est que la couleur de mes pieds vire à l'arc-en-ciel – du rouge au noir en passant par le bleu violacé – et que des œdèmes sont en train de déformer mes orteils. Depuis bientôt deux semaines, je les soumets à rude épreuve, les pauvres. Les bosses, les trous, les atterrissages en catastrophe, le manque d'hygiène… Même si je les prends deux tailles au-dessus de ma pointure, mes chaussures de ski sont extrêmement rigides. J'ai beau porter quatre couches de chaussettes, en laine et en matières synthétiques, j'ai beau avoir confectionné une sorte de coque de liège glissée à l'intérieur du chausson pour amortir l'impact des skis, mes pieds encaissent des tonnes de pression chaque jour. Il fait de plus en plus froid, la glace est dure, l'absorption des chocs passe d'abord par mes orteils qui viennent buter contre la pointe de mes godasses avant de se propager au reste de mes articulations : chevilles, genoux, hanches…

Quand j'enlève mes chaussures, j'entends les os qui craquent. Je chausse du 45, mais j'ai l'impression d'extirper mes pieds d'une taille 28. Mes orteils sont à moitié gelés, leurs ongles fendus et noirâtres. Ça saigne à l'extérieur et à l'intérieur. Partout, les veines éclatent. La douleur, semblable à des coups de marteau, est à la limite du supportable. Il faut que je trouve un moyen de drainer, ne serait-ce que provisoirement, ces œdèmes…

Vu que je n'ai pas à ma disposition l'attirail d'un médecin urgentiste, je décide d'utiliser, en guise de sonde, la mèche de ma perceuse à main, celle qui m'a permis de déplacer mes fixations de skis. L'intervention est simple, il suffit de serrer les dents. Je passe au travers de l'ongle comme si j'enfonçais un tire-bouchon, je traverse la chair en vissant dans le sens des aiguilles d'une montre et, quand j'atteins l'œdème, j'attends qu'un filet nauséabond s'écoule le long de mon gros orteil. Ça pique bien, ça pue pas mal, mais ça soulage ! Pour les autres orteils, je troque mon instrument de torture pour une grande aiguille avec laquelle je perce plusieurs orifices dans chaque ongle. Je n'ai pas fait médecine, mais je sais bricoler. En répétant l'opération à intervalles réguliers, j'ai une chance que mes pieds ne ressemblent pas à des ballons de basket à la fin du voyage.

*

Je continue de filer. Je continue de pousser tous les jours plus loin. Je continue de skier jusqu'à ce que mes jambes ne me portent plus. J'ai changé ma façon de manger, j'ai raboté ma douleur, rien ne doit laisser le doute s'insinuer. Il fait froid, –25 °C, –30 °C, –35 °C, avec des vents qui s'engouffrent dans les moindres interstices des vêtements et qui courent sur ma peau comme des glaçons. Ma vitesse accentue encore les effets du refroidissement. Mais, au moins, il y a du vent, stable, soutenu, entre cinquante et soixante kilomètres à l'heure, et il me porte en ligne droite vers le sud. Le problème, car il n'y a plus désormais un jour sans problème, c'est qu'Annika vient de me prévenir que la ligne droite n'est pas le meilleur chemin si je veux éviter des ennuis supplémentaires…

Chaque jour, du moins chaque fois que je m'arrête, je lui envoie par e-mail ma position exacte. Au matin du 4 janvier, alors que je me trouve à moins de trois cent cinquante kilomètres du Pôle, Annika m'avertit que je suis en plein sur la trajectoire d'une « *no-go zone* » créée par les Américains pour mesurer la pureté de l'air en Antarctique. Seule une poignée de scientifiques a le droit de la traverser. Sachant que mon histoire de permis est toujours en suspens, ce n'est pas une bonne idée de chercher à forcer le passage. De toute manière, je n'en ai aucune intention. Même si je dois faire un détour, je préfère contourner cette zone d'exclusion que les règles du traité de l'Antarctique. Je suis prêt à beaucoup de choses pour réaliser mon exploit, sauf à piétiner la protection de l'environnement.

Évidemment, ce n'est pas une bonne nouvelle. Je suis obligé d'obliquer vers l'ouest et il me faut composer, désormais, avec le blizzard qui souffle de côté, sans compter les kilomètres en plus. Pour moi, changer d'angle et renoncer aux vents portants qui m'avaient propulsé en lévitation ces derniers jours, ça signifie : plus de pression sur les skis, donc sur les orteils, donc sur les pieds, donc…

Donc, rien du tout. Le temps d'encaisser l'information, j'ai déjà pris ma résolution. Si j'y vais à fond la caisse, si je tire encore davantage sur la machine, si j'oublie mes pieds, mon estomac, mes cinquante ans, je me dis qu'il y a moyen d'abattre une centaine de kilomètres d'une seule traite malgré le vent défavorable. Ensuite, je serai à l'écart de la « *no-go zone* » et je n'aurai plus qu'à remettre le cap au sud. La carrosserie commence à être bien rouillée, la mécanique manque d'huile, mais le mental, lui, est inoxydable.

Ce jour-là, je n'avance plus avec les jambes, mais avec mon caractère de cochon. Je m'arc-boute face au blizzard, mon nez, mes joues, mes mains sont dévitalisés par le vent glacé et, pourtant, je surpasse mon objectif : cent vingt-cinq kilomètres au compteur sans la moindre pause.

Le lendemain, remis sur les bons rails, ma voile rose et noir bombée comme une future maman, j'abats cent soixante-dix kilomètres supplémentaires. Cette fois, le Pôle est à portée de spatule. La preuve, dans l'après-midi, j'ai aperçu de minuscules saignées dans l'immensité blanche. Deux traces de traîneau. Le premier signe de vie humaine depuis que j'ai quitté *Pangaea*.

Le pôle Sud est à moins de cent kilomètres, désormais. Cela fait bientôt un mois que je me sors les tripes chaque jour pour vivre ce moment-là. Et, soudain, je ne suis plus vraiment sûr d'avoir envie d'y passer…

13.

« Vis pour moi… Vis pour nous deux… » Si tu savais Cathy comme c'est difficile d'aller au bout de son rêve quand tout le monde se couche en travers de la route. Ce matin, j'ai parlé à Annika sur mon téléphone satellite. Malgré la distance, je me suis douté, rien qu'en entendant sa voix chargée d'émotion, que les histoires de permis n'allaient pas en s'arrangeant. J'ai compris aussi qu'elle avait trop longtemps gardé pour elle les mauvaises nouvelles, juste pour me protéger. Mais la situation s'est vraiment envenimée et, désormais, elle ne peut plus faire semblant.

Sans entrer dans les détails, elle m'explique que le fonctionnaire sud-africain, avec qui elle n'avait plus d'échanges depuis mon départ, a fait remonter l'affaire jusqu'à ses homologues du ministère de l'Environnement allemand, sachant que l'un de mes principaux sponsors est Mercedes. Sachant surtout que, si l'Afrique du Sud n'a pas le pouvoir de saboter mon rêve, il en va différemment de l'Allemagne qui occupe une position forte dans le traité de l'Antarctique. Annika ne veut pas s'étendre là-dessus, mais je devine que son stage chez Mercedes n'est pas des plus confortables. Contacté par les autorités allemandes, mon sponsor exige des gages de ma bonne foi et de ma mise en conformité avec les lois régissant les expéditions en Antarctique. Avec l'aide de notre avocat, Annika s'efforce de fournir les documents qui attestent mon total respect pour l'environnement durant ma traversée. Elle plaide le fait que je suis le premier à me lancer dans une telle aventure, qu'aucun explorateur moderne n'a jamais rallié l'Antarctique en bateau pour oser un tel pari. Si ce n'est pas permis, rien n'indique que c'est interdit. Après tout, le sixième continent appartient à tout le monde et à personne… Mais en plein « dieselgate » chez Volkswagen, la prudence est de mise. Mercedes ne veut surtout pas se mettre en porte-à-faux sur les questions d'écologie. Après avoir menacé Annika de résilier mon contrat sans autre forme de procès, mon sponsor décide de le suspendre en attendant mon retour et mes explications.

— Voilà, paps, j'étais obligée de t'en parler. Chaque jour, tu luttes pour survivre et, pendant ce temps-là, des gens bien au chaud dans leurs bureaux…

— Bah ! C'est juste une tempête dans une tasse de thé, ma chérie…

Ma réaction a l'air de lui arracher un sourire. Il paraît que mon ami Børge Ousland a quasiment eu la même quand elle lui a demandé conseil. « Ne perds pas ton temps à solliciter un permis que tu n'auras jamais, lui a-t-il dit. Laisse-le continuer. Mike est parti pour réaliser l'exceptionnel, il ne fait rien d'illégal. Il est juste en train d'énerver quelques personnes… » Børge et moi, on est faits du même bois.

Toi aussi, Cathy, tu aurais sans doute haussé les épaules. Il y a sept milliards d'humains sur la planète et je suis en chemin pour réussir quelque chose d'unique au monde. Autour de moi, c'est le même paysage qu'il y a deux cent cinquante millions d'années. Je me sens comme le premier homme. Qui sont ces gens qui nous gouvernent et qui remplissent nos estomacs pour mieux vider nos têtes à force de contrôles et de règlements ? Ici, mon destin ne dépend que de mes décisions. Qui pourrait m'arrêter ? Si je ne vais pas au bout, c'est que je suis mort.

14.

Le 6 janvier, le vent est tombé d'un seul coup et l'accalmie s'est poursuivie le lendemain, me contraignant à une longue journée de maintenance. J'ai nettoyé la tente, chargé les batteries de tous mes appareils avec les panneaux solaires. J'ai renforcé les coutures de la bâche de mon traîneau là où je l'avais reprisée et j'ai changé tous les clips de ses sangles. Je me suis encore occupé de mes pieds avec ma perceuse et mon aiguille. Ces deux jours-là, j'ai traîné ma luge sur une quinzaine de kilomètres à peine. Pourtant, je ne peste pas contre la météo et les zones de hautes pressions qui surplombent toute l'année le pôle Sud. Cet intermède survient au bon moment. J'ai besoin de réfléchir.

Même si elle me passe au-dessus de la tête, cette histoire de permis a l'air de provoquer un sacré barouf. Annika m'a dit que les responsables français de la base Dumont-d'Urville n'étaient plus très chauds pour m'accueillir si jamais je parvenais jusque là-bas. Eux aussi auraient peur des vagues… Bon, je n'y suis pas encore. On verra plus tard. Au pôle Sud, ce sont les Américains qui sont les mieux implantés, avec leur base Amundsen-Scott. Comment vont-ils réagir en me voyant débouler ? Vont-ils m'accuser d'avoir empiété d'un demi-ski sur leur « *no-go zone* » ? En cas de conflit, je me connais, ça pourrait mal se passer… Et même s'ils se montrent conciliants, est-ce une bonne idée de renouer avec la civilisation pour quelques heures ?

À partir du 17 janvier, tout va fermer, mais en attendant, des avions se posent encore sur la base américaine pour déverser leur flot de touristes fortunés en quête de sensations clés en main. Ils ont envie de voir le Pôle et, moi, j'ai envie de voir le moins de monde possible. Je préfère rester en paix dans ma bulle d'efforts, de doutes et de souffrance. Je suis bien avec mon rêve et mes engelures.

Je demande à Annika de contacter une amie anglaise, Hannah McKeand, une grande exploratrice qui réside au pôle Sud durant la saison touristique pour monter des circuits à l'intention des visiteurs. « Dis-lui de prendre la température auprès des Américains… » Vingt-quatre heures plus tard, Hannah nous rassure. Les hauts gradés de la base se sont engagés à ne pas me compliquer la vie. Si j'étais américain, à la rigueur… Mais vu que je suis suisse, pas de problème. « Mike n'est pas obligé de passer comme un voleur, a ajouté Hannah. Il peut même venir me faire un petit coucou… »

*

Je mets deux jours pour marcher jusque là-bas. Toujours pas de vent. Mais des règlements en pagaille. Pendant deux mille quatre cents kilomètres, j'ai pu aller où je voulais comme je voulais, et là, soudain, il me faut converger vers un point précis sans m'écarter de plus de dix degrés vers la gauche ou vers la droite. L'homme ne devrait pas habiter au pôle Sud, il ne devrait qu'y passer. J'arpente mon autoroute de glace. La liberté de choix n'existe plus.

À proximité de l'aérodrome, des panneaux indiquent les restrictions en vigueur qui obligent à un détour sur une piste damée par les pas mécaniques d'une cohorte de touristes. Finalement, en milieu d'après-midi, je trouve la tente orange de Hannah au milieu du campement où réside sa petite équipe de guides. Je plante la mienne un peu à l'écart.

Dès que je lui raconte mes mésaventures avec ma popote, Hannah s'éclipse et revient avec une casserole, un réchaud, des couverts. « Non, non, je ne veux rien, je suis bien comme ça... » En revanche, je ne me fais pas prier pour accepter l'invitation à dîner et la grande marmite de spaghettis bolognaise que nous vidons avec ses équipiers au milieu des rires et des souvenirs d'expédition.

*

Je passe une petite journée au pôle Sud. Dans la nuit du 10 au 11 janvier, un léger vent se met à souffler, je me harnache et je commence à tailler ma route, toujours en ligne droite, mais à présent, je vais vers le nord... Hannah m'accompagne en moto-neige sur quelques kilomètres. Son accueil m'a fait chaud au cœur. Avec ses amis, nous n'avons parlé que d'aventure, jamais de règlements et de sujets qui fâchent. Nous partagions le même monde. J'avais l'estomac bien rempli, mais aussi la tête farcie de conseils contradictoires et de mises en garde alarmistes face aux conditions extrêmes que j'allais désormais affronter.

À dire vrai, personne ne croit l'exploit possible. Chacun me prédit des conditions de froid inhumaines quand il s'agira de remonter en altitude pour franchir la barrière de glace qui culmine avec le dôme C, à environ mille cent kilomètres de la base Dumont-d'Urville. On me suggère des points de chute différents, des itinéraires plus courts, moins exigeants. Hannah me dit que l'un des responsables de la base américaine juge qu'il serait plus raisonnable que je coupe vers l'est et que je trouve refuge sur une autre base leur appartenant, celle de McMurdo, sur l'*ice-shelf* de Ross. « Tu battrais quand même le record de vitesse de la traversée de l'Antarctique, ce serait une sacrée performance ! » Elle me parle encore d'une base australienne que je pourrais rallier sans avoir à m'aventurer sur des hauteurs dont on ne revient pas lorsque l'hiver s'installe.

Mon ami Børge lui-même semble s'inquiéter pour moi. Je l'ai eu au téléphone avant de repartir. Il a évoqué les risques que j'encourrais en restant trop longtemps sur la calotte de glace, là où les températures sont les plus extrêmes et les vents les plus furieux. « Tu es en retard et il te reste deux mille huit cents kilomètres à faire… » me rappelle-t-il, comme si ce détail avait pu m'échapper. Lui aussi me suggère de redescendre à mi-parcours en direction de l'*ice-shelf* de Ross pour ne pas braver le froid dantesque et les crevasses des ultimes glaciers dressés sur ma route. C'est sûr que je serais plus en sécurité au niveau de la mer, que cet itinéraire bis ne m'empêcherait pas de pulvériser le record établi par Børge, mais je n'ai pas mis sur pied mon expédition pour finir là où la sienne s'est terminée. Je ne me suis pas lancé dans cette aventure pour faire comme Børge, en plus rapide. Et même quand mon compagnon du pôle Nord ajoute qu'une fois dans la direction de l'île de Ross, si j'avance bien, je pourrais allonger le tir vers le nord et effacer des tablettes l'exploit de Rune Gjeldnes qui était parvenu jusqu'à la baie de Terra Nova en quatre-vingt-dix jours, je fais semblant d'y réfléchir. Mais ça ne me parle pas. Mettre mes pas dans ceux des autres ? Ce n'est pas le pari que j'ai fait avec moi-même.

Quand nous étions sur le bateau, avec Steve, nous avions repéré le point d'eau, accolé à la base Dumont-d'Urville, où *Pangaea* accosterait quelque temps plus tard, après son escale en Australie. J'ai appris que mes camarades étaient arrivés à Fremantle deux jours avant que je rallie le pôle Sud. Steve m'a dit qu'après la remise en état du bateau il pensait pouvoir effectuer la traversée entre l'Australie et la terre Adélie en un peu moins de trois semaines. Pourquoi changer nos plans ? C'est là-bas que j'ai choisi d'amarrer mon destin. L'hiver est intraitable, mais moi je suis têtu. Tant qu'il me restera un souffle de vie, je me battrai pour réaliser mon rêve. Bien sûr que c'est un pari qui défie l'entendement. Sinon, je ne serais pas le premier à y risquer ma peau. Sinon, ça ne m'intéresserait pas.

*

Je fais route vers le nord. Le système de hautes pressions encerclant le Pôle sévit toujours et le vent du petit matin retombe comme si quelqu'un avait refermé les fenêtres pour la journée. Au-dessus de ma tête, j'entends vrombir les moteurs de deux ou trois avions qui entament leur dernier ballet de la saison estivale. Je laisse partir sur ma droite une piste creusée par les camions ravitaillant sans doute la base McMurdo. Bientôt, il n'y aura plus aucun trafic et l'hiver refermera son cercueil de glace et de neige sur toute trace de vie humaine. J'ai l'impression de partir pour un voyage sans retour et je n'ai aucun regret.

Quelques heures après que Hannah m'a quitté, le froid a fondu sur moi sans crier gare. En deux jours, j'ai beau n'effectuer que des sauts de puce de soixante et trente-cinq kilomètres, je fends le vent glacé en ski-kite et ma vitesse accroît la morsure du gel. Mon téléphone, qui fait aussi office de thermomètre, m'indique qu'il fait –36 °C. Par le passé, il m'est déjà arrivé d'affronter des températures similaires, et même un peu plus basses. Mais jamais en me propulsant dans le sillage de mon cerf-volant. Même si le blizzard souffle encore avec parcimonie, la sensation de froid pénètre par tous les pores de ma peau. C'est comme s'il faisait –50 °C.

Au bout d'un moment, je tiens encore debout sur mes skis mais je ne suis plus qu'un bloc de chair pétrifiée en position verticale. Le vent s'infiltre sous mon masque et mes joues commencent à geler. Mon nez, mes lèvres sont creusés de cicatrices. À force d'être dressées vers le ciel pour dompter les ruades de mon cerf-volant, mes mains ne sont plus irriguées, la circulation sanguine ne se fait plus correctement. Et ce n'est rien en comparaison du supplice enduré par mes pieds. Sur mon passage, mes skis dispersent la fine pellicule de poudreuse qui recouvre la glace, et la neige retombe comme une bruine glaciale à l'intérieur de mes chaussures.

*

Deux jours après être parti du Pôle et au terme de huit heures de ski-kite, l'extrémité de mes membres inférieurs se comporte comme une partie indépendante du reste de mon corps. Et de mon cerveau. Je ne sens presque plus rien. Autrement dit, mes orteils et mes pieds sont en train de geler. J'ai déjà vécu ce processus. Au début, le froid provoque des douleurs insupportables. Puis les coups d'épée se font moins tranchants, la torture cesse et l'on se dit que ça va mieux. En réalité, c'est là que ça va très mal. Les nerfs ne sont plus sensibles car le gel a fait son œuvre. Ensuite, il n'y a plus qu'à réchauffer tout ça au bain-marie et l'on est sûr d'y laisser ses orteils.

*

Je m'arrête juste avant qu'il ne soit trop tard. Je plante ma tente à moins de cent kilomètres du pôle Sud et je suis prêt à y passer le temps qu'il faudra pour trouver la solution de fortune qui m'évitera d'apporter quelques moignons supplémentaires à ma collection de phalanges. Si à la mi-janvier je souffre déjà autant de l'avancée sournoise de l'hiver, il serait illusoire de m'aventurer plus avant sans prendre la moindre précaution. Comme les conditions climatiques sont rudes mais encore vivables, du moins par rapport à ce qui m'attend, j'en déduis que ma soudaine dégradation physique est due à la débauche d'efforts consentis durant la première moitié du parcours. Je paye les pots que j'ai moi-même cassés pour rattraper mon retard.

En priorité, je décide d'ajouter une enveloppe extérieure à mes chaussures de ski, car leur coque gèle en un clin d'œil et cela accentue trop rapidement les premiers symptômes du froid. Je n'ai pas l'embarras du choix ni le souci de l'esthétique et je me dis que quelques pans de mon matelas isolant devraient faire l'affaire. Je découpe la mousse en suivant la forme de mes chaussures et je colle cette couverture kaki sur le dessus de la coque et à l'intérieur de la languette montante, car mes tibias sont, eux aussi, bleuis par le gel et les chocs à répétition. Je couds des molletons sur mes chaussettes au niveau de la malléole des chevilles. Ensuite, j'essaye d'élargir au maximum l'intérieur de mes chaussures car j'ai remarqué que leur coque en plastique se contractait sous l'effet du froid intense. Or, il me paraît indispensable de couvrir mes pieds avec une paire de chaussettes en laine supplémentaire en complément des quatre couches que j'enfile déjà chaque matin. Pour rendre le plastique plus malléable, je passe les semelles de mes chaussures au-dessus de la flamme de mon réchaud. Puis je m'échine à élargir leur coque à l'aide de mon bâton de ski…

Il me faut une nuit entière pour procéder à toutes ces mises au point dans mon drôle d'atelier de couture. Sous ma tente, je suis habillé en Bibendum, comme à l'extérieur, avec le bonnet, le blouson et le pantalon de plumes. Je retire simplement mes moufles. Il fait un petit –30 °C et je suis obligé de fignoler mon ouvrage à mains nues. Ce n'est pas l'idéal quand on veut créer une nouvelle ligne de chaussures de ski. Et encore, il fait –30 °C parce que mon réchaud est allumé…

*

Quatre jours après mon départ du Pôle, je suis toujours coincé dans cette sorte de pot au noir[1] antarctique où le vent semble prendre un malin plaisir à jouer avec mes émotions. Alors que l'hiver est lancé à mes trousses, je suis à nouveau contraint d'utiliser mes peaux de phoque et de tirer ma luge en marchant. Mais il suffit que je monte ma tente pour qu'au bout d'une heure le petit ruban accroché à mon bâton de ski s'agite frénétiquement. Le blizzard siffle comme à ses plus beaux jours. Je bondis sur mon équipement de ski-kite et je mets les voiles. Cinq kilomètres plus loin, c'est déjà fini. Mon cerf-volant s'écrase mollement comme une feuille morte tombée de l'arbre. Le moral dans les chaussettes, je me remets à marcher. Ou je monte une nouvelle fois ma tente pour essayer de finir ma nuit.

Durant ces jours, pendant les quelques heures de sommeil que je m'octroie, je ne prends même plus la peine de plier ma voile dans son sac pour la ranger dans mon traîneau. Je la laisse dehors sur son tapis de neige, ses câbles bien alignés, et je l'arrime solidement avec

1. Le pot au noir désigne habituellement une zone météorologique instable située en mer entre le 8° et le 3° Nord. Les vents y sont changeants et peu prévisibles, ce qui rend l'endroit difficile à appréhender par les marins.

une vis à glace. À la première quinte de toux du blizzard, je suis prêt à écourter mon somme et à reprendre la route. Même pour quelques centaines de mètres.

Si les éléments voulaient, à leur tour, me prévenir que mon défi est insensé, ils ne s'y prendraient pas autrement. J'ai l'impression de faire du surplace, le gel tétanise mon organisme, le vent moqueur ampute chaque jour mes espoirs et, pour ajouter à ce sentiment de procession lugubre, le soleil a pris ses quartiers d'hiver et a cessé de m'éclairer vingt-quatre heures sur vingt-quatre. Désormais, il descend sur l'horizon et, là où naguère il semblait rebondir sur la glace comme un ballon phosphorescent, il s'éclipse pendant une heure ou deux. Grâce à la réflexion de ses rayons, une lumière de bougie luit tout de même en permanence sur la calotte et je peux continuer d'avancer vers le nord si les conditions s'y prêtent. Mais lorsque cette courte nuit tombe, le mercure aussi, et il fait facilement dix degrés de moins que dans la journée.

*

Avec tout ça, mon horloge biologique de forçat s'est totalement déréglée. Les journées de vingt heures arc-bouté sur mes skis ne sont plus qu'un souvenir. J'avance par à-coups. Je ne dors plus que par échantillons de une heure ou deux en fonction des caprices du blizzard. Hier, il a fallu que je plie et que je déplie ma tente cinq fois dans la même journée. J'ai complètement perdu le rythme que je m'étais imposé. Le pire, c'est que, pour atténuer ma frustration, j'en oublie mes problèmes de pénurie de fuel et je me remets à manger comme trois, matin et soir.

En fait, la dynamique a commencé à flancher à l'approche du Pôle et, depuis que j'en suis reparti, le ressort semble cassé. En même temps, je suis dehors tous les jours, ma voile est prête à se gonfler au moindre souffle, je n'hésite jamais à jaillir de mon duvet même si c'est pour me reglisser à l'intérieur une demi-heure plus tard. En Antarctique, l'hiver, le découragement est un ennemi encore plus redoutable que le froid. Chaque seconde, chaque mètre gagnés sont des victoires sur la fatalité. Je sais que tout au long des deux mille six cent cinquante kilomètres qui me restent à parcourir, je vais devoir sans cesse repousser l'idée qu'il est plus facile de se laisser mourir que de continuer à vivre.

Cette pensée me hante depuis que je suis passé au pôle Sud. J'en ai profité pour rendre hommage à mon idole, Roald Amundsen, et j'ai pris une photo du mémorial qui célèbre sa conquête de l'Antarctique. Un panneau rappelle qu'il a planté le drapeau norvégien en ce lieu mythique le 14 décembre 1911. Mais ce n'est pas vraiment ça qui a retenu mon attention. Il y a longtemps que la légende d'Amundsen n'a plus aucun secret pour moi. Non, ce qui m'a frappé, c'est l'autre inscription figurant sur la même pancarte. Un petit texte en l'honneur de Robert Falcon Scott, le rival malheureux d'Amundsen, qui a rallié le pôle Sud un mois après le Norvégien et qui a découvert son infortune le jour où il croyait toucher au but.

Son histoire aussi, je la connais par cœur. Scott et les quatre hommes d'équipage qui l'avaient suivi jusque-là ont tenté, ensuite, de retourner sur leur navire, le

Terra Nova, amarré au cap Evans, sur la mer de Ross. Mais l'hiver les a engloutis alors qu'ils n'étaient plus qu'à quatre jours de marche du bateau. Éreintés par le froid et la fatigue, vaincus par une expédition concurrente, ils se sont assis dans la neige, à l'extérieur de leur campement, et ils ont attendu que la mort vienne les soulager de leurs souffrances. Le seul détail que je ne me rappelais plus, c'est la date exacte à laquelle Scott et son équipe avaient atteint le pôle Sud. J'ai regardé fixement le panneau : le 17 janvier 1912. C'était trop tard, l'hiver était déjà sur leurs talons.

Depuis cinq jours, je pense à ça. Je n'ai pas réussi à décoller de plus de cent cinquante kilomètres du Pôle. J'ai froid, très froid. Après-demain, c'est le 17 janvier.

15.

« Vis pour moi… Vis pour nous deux… » Dis-moi, Cathy, dis-moi encore une fois que je vais y arriver… Plus ça devient dur, plus j'ai besoin de ta présence. L'autre jour, quand j'ai affronté le vent de face pendant cent vingt kilomètres pour contourner la « *no-go zone* », j'ai mis dans ma poche le walkman que tu m'avais offert et j'ai écouté nos chansons jusqu'à la nuit. Je me souvenais que la bande durait dix heures. Je me suis juré de ne pas déchausser mes skis avant le dernier morceau.

Souvent, aussi, je pense à mon père, à mon enfance sud-africaine. Avec toutes ces heures passées sur mes skis ou sous la tente, dans le silence infini de l'Antarctique, c'est fou comme ma solitude est peuplée. Sans toi, Cathy, sans mes parents, sans ces quelques proches qui m'ont aimé et m'ont donné confiance en prenant garde de ne jamais m'étouffer, j'ignore ce qu'aurait été ma vie.

*

J'ai treize ans. Pour les vacances, nous sommes partis faire du camping en famille, avec tous les cousins, les oncles, les tantes. L'Afrique du Sud est un sacré jardin d'enfants. On a traversé la Namibie sur des pistes en terre battue au milieu des impalas et des phacochères. Au cœur d'un désert de rocailles, on a planté les tentes en bordure du canyon de la Fish River. Hier, c'était le jour de mon anniversaire. Mes parents m'ont offert un grand sac à dos bleu, mes oncles, des chaussures de marche, mes sœurs, un matelas en mousse, mes cousins, un sac de couchage… J'ai rassemblé soigneusement mes cadeaux au pied de mon nouveau duvet. Je n'ai pas fermé l'œil de la nuit. Un grand sac à dos bleu… Avec un cadre en métal ! Comme sur les photos de sir Edmund Hillary à la conquête de l'Everest…

Au petit matin, je me réveille avant tout le monde. Dehors, il fait nuit noire, mais la lune éclaire les falaises de l'imposant massif de roches et d'épineux qui surplombe notre camping. J'attends ce moment depuis la veille. En silence, je range tous mes trésors dans mon sac à dos, j'enfile mes chaussures et je me glisse hors de la tente. Je marche sur un premier sentier qui s'élève à flanc de montagne. Ça grimpe bien. Les cailloux roulent sous mes chaussures. J'ai l'impression qu'ils emportent avec eux le petit Mike qui, jadis, mettait ses affaires dans des sacs en plastique quand il partait à l'aventure. En bas, j'aperçois le camping qui s'éveille doucement. Mon père a prévenu qu'on reprendrait la route ce matin. Mais je n'y pense plus. Je suis complètement absorbé par le moment présent, cette sensation de liberté que je n'avais jamais ressentie aussi fort. Je continue de grimper. Je franchis une première arête, puis deux. Qu'est-ce qu'il est bien ce sac à dos ! Maintenant, ça y est, je suis un vrai explorateur…

Il est près de midi quand j'arrive au sommet de la montagne. « Waouh ! Qu'est-ce que c'est beau ! J'ai vraiment réussi quelque chose de grand pour mon anniversaire… »

Au camping, c'est un ramdam pas possible. Tout le monde est parti à ma recherche. Là-haut, enfin, la réalité me rattrape. Je viens de prendre conscience de l'heure qu'il est et, si je me fais engueuler, je ne l'aurai pas volé. Mais je m'en fiche. J'ai trouvé ce que je ferai quand je serai plus grand. J'escaladerai des falaises encore plus hautes, des montagnes aux cimes enneigées, avec mon sac à dos bleu.

Je mets près de deux heures pour redescendre jusqu'au camping. Je cours sur les sentiers, je bondis d'un rocher à l'autre. Je suis l'enfant le plus heureux du monde. Ce matin, j'ai côtoyé le danger et je me suis surpassé. Pour la première fois, je découvre cette plénitude derrière laquelle je passerai ma vie à courir.

Mes parents, mes oncles, mes cousins ont fini par distinguer une ombre qui dévalait la montagne. Ils ont d'abord cru à un randonneur ou un alpiniste aguerri. Puis l'ombre s'est dessinée petit à petit et ils m'ont reconnu. Et alors que je déboule vers eux sur la pointe de mes nouvelles chaussures, un peu penaud, ils se mettent à m'applaudir longuement, sans une once de reproche. Je crois que je les ai bluffés. Ils ne me croyaient pas capable d'un truc pareil. Mais je l'ai fait. Plus jamais je ne me fixerai de limites. C'est la nature qui me dira stop.

16.

Au petit matin du 15 janvier, il se passe enfin quelque chose de positif. Les anges que ma mère m'a délégués par ses prières sont de retour. J'ai bien cru qu'ils m'avaient laissé en plan au pôle Sud… Les prédictions alarmistes des spécialistes de l'Antarctique, les menaces de rétorsion planant sur mon exploit, les kilomètres gagnés chaque jour avec les dents : tous ces nuages accumulés au-dessus de ma tête hirsute ont mis à mal mon légendaire optimisme. Mais ils n'ont pas entamé ma volonté.

Cent quatre-vingt-cinq kilomètres ! D'une seule traite. Ça fait plus d'une semaine que je n'ai pas abattu une telle distance. Je me suis enfin extirpé de cette zone sans vent qui m'a fait stagner autour du Pôle. Il était temps. Si je tiens cette moyenne jusqu'au pied des glaciers, je peux encore devancer l'hiver. D'abord, je me laisserai glisser sur une longue portion bosselée pour passer en quelques jours des deux mille huit cents mètres du pôle Sud à deux mille deux cents mètres d'altitude. Puis je recommencerai à grimper jusqu'à trois mille deux cents mètres sur des pentes entaillées de crevasses si béantes qu'elles peuvent engloutir des tracteurs et des camions.

Finalement, je crois que je préfère ne pas trop y penser. Je préfère me dire qu'après avoir si longtemps fait route vers le sud, depuis que j'ai franchi le Pôle, j'ai enfin mis le cap au nord, même si je n'ai pas changé de direction. C'est un petit réconfort dans un océan de précarité. Ça me donne l'impression d'avoir gravi un sommet et de basculer sur l'autre versant de la montagne. Je me raccroche à ce que je peux.

Sur le coup de deux heures, ce matin, le blizzard était si timide que j'ai mis presque une demi-heure à faire décoller mon cerf-volant. Mais le vent n'a pas cessé de forcir et j'ai passé pas loin de douze heures accroché à ma voile. C'est tellement grisant de penser qu'en une heure de ski-kite je peux abattre autant de kilomètres qu'en une journée de marche… J'ai avancé jusqu'à ce que le froid m'interdise, une fois de plus, d'aller plus loin. Malgré toute mon inventivité, les protections en mousse que j'ai collées autour de mes chaussures ne font pas de miracles. Elles peuvent juste retarder un peu l'échéance. Quand j'ai retiré ma paire de godasses de ski, mes pieds ressemblaient à de la viande boursouflée et bleuie. J'ai parlé l'autre jour, dans mon carnet de bord, de coups d'épée pour évoquer la torture du gel. Ce n'est pas la bonne expression. En fait, mes orteils sont une enclume sur laquelle le froid s'acharne à coups de burin.

Les nuits précédentes, j'étais tellement pressé de quitter une fois pour toutes les parages du pôle Sud que je n'enlevais même plus mes chaussures pour dormir ! Je voulais être prêt à bondir sur mes skis au moindre souffle. Quand j'y repense, je me dis que cette interminable séance de surplace a été jusqu'à présent l'épisode le plus éprouvant de ma traversée. Plus que les travaux forcés avec mon boulet de deux cent cinquante kilos, plus que les champs de crevasses de la terre de la Reine-Maud, plus que les sauts périlleux sur les *sastrugi*… Je suis vraiment fier de m'en être tiré comme je m'en suis tiré. En insistant, en travaillant, en mangeant et en buvant comme je pouvais, en montant et en démontant ma tente, en me réveillant toutes les heures, en optimisant chaque petite seconde… Jamais je n'avais autant bossé.

Après cent quatre-vingt-cinq kilomètres, en revanche, j'ai besoin d'une vraie nuit sous la tente. Il a fait beau toute la journée et, contrairement à ce qu'on pourrait penser, ce ciel d'azur n'a fait qu'accentuer le froid. Car ce sont les nuages qui font couvercle et qui retiennent un peu la chaleur. Je jette un œil à mon téléphone : –39 °C. Et tant que je n'aurai pas allumé mon réchaud, il fera la même température à l'intérieur de ma tente qu'à l'extérieur. Avant cela, voici l'épreuve tant redoutée. Une à une, j'enlève mes cinq paires de chaussettes. J'observe les engelures qui balafrent mes orteils. Avec un doigt, j'effleure mon pied. Aïe ! Je ne peux même pas le toucher tant la douleur est insupportable. Je ne souhaite pas ça à mon pire ennemi, et Dieu sait que j'en ai quelques-uns par les temps qui courent. Ensuite, ça va un peu mieux. Libérés de leur prison de plastique, mes pieds se revigorent doucement à la chaleur du réchaud. Mais, déjà, je pense au lendemain, quand il faudra à nouveau les glisser dans leur étau réfrigéré.

J'ai faim, mais je me contente d'une vingtaine de tranches de viande séchée comme plat de résistance. Dernièrement, j'ai trop tapé dans mes réserves de fuel et dans mon stock de mets lyophilisés pour me remonter le moral. Il me reste près de deux mois de rations alimentaires, mais le fuel risque de manquer pour les consommer jusqu'à la dernière. De toute façon, si je ne suis pas arrivé dans moins de quarante-cinq jours, c'est probablement que je n'arriverai jamais.

Durant toutes ces journées, le seul moment où j'ai à peu près l'impression d'être à l'abri du froid, c'est quand je suis à l'intérieur de mon sac de couchage. Je m'y réfugie le plut tôt possible. Souvent, je mange avec les pieds au fond de mon duvet, même si ce n'est pas très pratique. Quand il fait –35 °C sous la tente, il fait peut-être –10 °C dans mon sac.

Au fil des heures, sous l'effet de ma chaleur corporelle, je me sens presque comme dans un cocon. Je n'ai jamais vraiment changé de modèle depuis que Børge m'a préconisé ce type d'équipement avant notre expédition au pôle Nord, il y aura bientôt onze ans. Mon duvet fétiche comporte une enveloppe isolante afin d'empêcher le litre de sueur que je perds chaque nuit de se solidifier, ce qui m'évite de me transformer en surgelé. Pour conserver l'air chaud, il est équipé d'une sorte de col fermé par une glissière. Les emplacements correspondant à mes différents points d'appui – épaules, hanches, genoux – sont renforcés par un matelassage afin d'améliorer l'isolation de mon matelas posé sur la glace. En outre, il est confectionné avec zéro couture pour ne pas laisser entrer le froid lorsque j'étire la toile en me tenant en chien de fusil. De la belle ouvrage, vraiment. Un vrai sac isotherme.

*

Ce matin du 16 janvier, par exemple, je me réveille avec le sentiment éphémère d'être un homme neuf. Comme tous les jours, j'ai ouvert un œil cinq minutes avant la sonnerie de mon téléphone. C'est une discipline que je m'impose et qui a fini par devenir une seconde nature. Même quand je m'accorde une nuit de cinq heures, elle ne dure que quatre heures cinquante-cinq. Ça me donne l'impression de gagner du temps. Donc, ma première pensée consiste à me dire que j'ai parfaitement récupéré des fatigues de la veille. Elle se prolonge le temps d'une odeur de cappuccino. Ensuite, mon corps s'ébroue, perclus de raideurs et de cicatrices. Vient alors ma deuxième pensée du matin : « Putain ! Il va falloir remettre les chaussures et je vais avoir encore plus mal qu'hier… »

Pour faire mal, ça fait très mal. Et il n'y a pas que mes pieds qui me font souffrir. Le blizzard crache ses postillons de glace à plus de soixante kilomètres à l'heure. D'emblée, ma voile de 4 m^2 m'arrache les bras. Sous mes skis, la glace semble s'être rompue en une multitude de morceaux de verre brisé. Partout, des saillies, des fractures, des trous, des bosses, des monticules…

Très vite, je perds le contrôle de mon cerf-volant. J'ai beau tirer comme un bœuf sur ses câbles pour tenter de diminuer la prise au vent, c'est lui le chef. D'un coup, je bute sur un *sastruga* et j'atterris cinq mètres plus loin. Sur la tête. Plus de peur que de mal : je suis dur de la cafetière. Par chance, ma luge se prend aussi les patins dans le piège et se retourne, ralentissant ainsi mon cerf-volant. Je me fais tirer sur deux ou trois cents mètres, un moindre mal puisque je parviens à dompter mon attelage, bien aidé par le lest de mon traîneau. Sa bâche est intacte. Je le remets à l'endroit, en même temps que mes esprits, et je repars.

Et ça continue. Et c'est même pire. Je croise des *sastrugi* qui font deux fois ma taille, je n'en avais jamais vu d'aussi balèzes. On dirait qu'ici la calotte s'est déformée sous l'effet d'un séisme, ou alors qu'un monstre pousse sous la glace pour m'agripper et me broyer. Et ce maudit cerf-volant, si petit et pourtant bien trop grand dans des bourrasques pareilles, qui me malmène et n'en fait qu'à sa tête… Contraint et forcé, j'exécute encore quelques acrobaties qui ne sont répertoriées dans aucun guide de ski-kite. Jusqu'à ce que survienne ce qui devait survenir.

De justesse, je parviens à éviter un énième obstacle, pas mon traîneau, qui se retrouve cul par-dessus tête pour la deuxième fois de la journée. Je tente de manœuvrer ma voile en relâchant la tension pour qu'elle se calme un peu et qu'elle daigne bien atterrir. Mais, au moment où elle s'exécute, un *sastruga* surgi de nulle part se dresse dans l'axe du cerf-volant, et voilà que tous les câbles s'enroulent autour de l'éperon de glace ! Bilan : une nouvelle chute et ma voile qui se met à tournoyer comme une hélice en me promenant de part et d'autre du *sastruga*… Comme si je n'étais pas assez cabossé ! Comme si j'avais besoin d'une bonne friction au gant de crin et à l'eau glacée pour oublier mes courbatures ! L'enfer. Avec, en prime, les trois ficelles de soixante mètres entortillées façon spaghettis…

*

Ça suffit pour aujourd'hui. J'arrête le sport, j'ai ma mercerie qui ouvre dans cinq minutes. Je jette un œil au GPS avant de déplier ma tente : cent trente-cinq kilomètres… Tout ça pour ça. Ça m'apprendra à n'avoir prévu que cinq cerfs-volants de tailles différentes. Je m'en suis voulu toute la journée alors que j'étais contraint de faire de la musculation sur ma barre de contrôle. Dans un vent pareil, une voile de 4 m^2, c'est comme si on hissait un spinnaker en pleine tempête… J'aurais dû prendre un bout de torchon de 2 m^2. Je n'aurais pas été beaucoup moins vite et, surtout, j'aurais évité toutes ces cascades qui, à l'arrivée, me font perdre du terrain et m'esquintent un petit peu plus. Mais je n'ai pas prévu de voile aussi petite. J'ai beaucoup de choses dans ma boîte à malices, mais je n'ai pas ça.

Sale journée, donc. J'ai parcouru plus de trois cents kilomètres en deux jours, et pourtant je ne peux pas m'en satisfaire. Tous les jours, je dois aller plus vite, plus loin. Le vent est fort, soutenu, et même si aujourd'hui il n'était pas très bien orienté, je dois profiter à fond de ce coup de pouce de la nature. Elle m'a si souvent puni, ces derniers temps. J'y réfléchis en démêlant mon écheveau de ficelles et, plus j'y pense, plus je suis déçu. En grelottant, j'ordonne ma pelote de câbles avec mes doigts qui ressemblent à des saucisses avariées. Les morsures du gel sur l'arête de mon nez me font presque loucher, j'ai l'impression d'avoir les tibias à vif à force de cabrioles sur la glace.

Soudain, je me sens perdu au milieu de nulle part. Après mon passage au Pôle, on a tiré le rideau de fer. Désormais, je suis seul dans le désert blanc. Et si les gens avaient raison ? Si ce défi était trop grand pour moi ? Pourquoi faut-il toujours que je me croie plus malin que les autres ? Il y a une heure, j'ai planté ma tente avec le sentiment mitigé d'être un peu juste au niveau du kilométrage, mais d'avoir échappé au pire et, maintenant, je fais réchauffer mes cinq morceaux de poulet au curry – le poulet entier, quoi… – en broyant du noir.

Je me demande si ce n'est pas ce fameux 17 janvier qui me travaille autant. En tout cas, c'est demain. Je me dis que Scott n'a pas dû passer loin d'ici quand il cherchait à regagner son bateau avec ses hommes. C'est le chemin pour aller vers le cap Evans. Je n'ai aucun mal à imaginer ce qu'ils ont dû ressentir. Je n'ai jamais approché d'aussi près ce sentiment de lassitude. Pourquoi se battre encore ? Demain, il faudra recommencer. Et après-demain. Et tous les jours d'après il faudra faire violence à son corps exténué. C'est faisable, oui, tant qu'on entrevoit une chance minuscule de s'en sortir. Sinon, on s'assoit face au vent glacé, on ferme les yeux et on s'endort.

Je n'en suis pas là. Je n'ai pas perdu la flamme. Elle vacille, mais elle me tient encore chaud. Je n'ai plus qu'elle, car j'ai le sentiment d'être lâché de toutes parts au plus mauvais moment. Quand Annika m'a rapporté les réticences d'un de mes plus fidèles sponsors concernant mon exploit, j'ai balayé ses craintes en parlant d'une « tempête dans une tasse de thé ». C'était de la frime. Une réaction d'orgueil. À tout le moins, c'est un cyclone dans un bol de soupe. Savent-ils seulement ce que j'endure ? J'ai besoin de sentir le respect et un peu d'admiration autour de moi pour puiser de la force, et tout se passe comme si, à leurs yeux, il était préférable que je n'existe plus. En fait, ça me blesse profondément.

*

Le 17 janvier, je me sens poussé par une sorte de rage incontrôlée. À ce stade, j'ai encore la possibilité d'obliquer vers le nord-est pour franchir les monts Transantarctiques et rejoindre l'*ice-shelf* de Ross, comme le suggérait Børge, là même où Scott et ses hommes cherchaient à se rendre. Mais je veux rayer définitivement cette hypothèse de la liste des options qui s'offrent à moi. Si je parcours deux cents kilomètres dans la journée, cap au nord-ouest en direction du dôme C, ce sera fait : je n'aurai plus d'échappatoire. Je n'aurai plus d'autre option que d'avancer, à ski, à pied, tomber, me relever, combattre le froid, encore et toujours. J'ai hâte d'y être.

Le vent du sud est super bien orienté, contrairement à la veille. Il souffle toujours aussi violemment, mais je ne me préoccupe plus de mes problèmes de voile trop grande ou pas assez maniable. Je m'élance à fond la caisse derrière mon cerf-volant rouge et blanc de 10 m^2. Je descends en altitude, ça me donne encore plus de vitesse. La piste est tailladée de fissures, cloquée de *sastrugi*, les obstacles se dressent devant moi comme de véritables vagues de glace. J'ai l'impression de naviguer dans les quarantièmes rugissants, sauf que si je m'amuse à fendre l'une de ces déferlantes, mon compte est bon. C'est ce qui se passe au bout de deux heures.

J'évite un premier écueil de justesse, j'appuie sur les carres comme un damné pour contourner le deuxième, le troisième m'envoie bouler sur le dos comme une coque de noix chavirée par la houle. J'ai la nuque contusionnée, une cheville à moitié tordue mais, dans l'action, je ne ressens pas la douleur. Il n'y a que la volonté de repartir au plus vite qui m'aiguillonne.

Je prends quand même soin de changer ma voile. J'opte pour la taille au-dessous : le cerf-volant de 6 m^2, un nuage rose dans un ciel de cristal. À la vitesse à laquelle je vais, le gel mord mes joues malgré ma barbe digne d'un pope orthodoxe. La descente devient de plus en plus marquée et il arrive que mon traîneau, qui pèse désormais dans les cent quatre-vingt-dix kilos, me rattrape et m'oblige à prendre encore plus de risques pour accélérer. Un mal pour un bien, finalement.

Vers le kilomètre 160, je suis lancé à près de quarante kilomètres à l'heure quand la glace se dérobe devant moi et ouvre sous mes spatules une crevasse énorme, un gouffre large d'une cinquantaine de mètres ! Ça me laisse un quart de seconde pour réagir. Le temps de rassembler toutes mes forces dans mes biceps, de tirer sur mon cerf-volant comme sur un treuil, de fermer les yeux, et de survoler le pont de neige malgré les presque deux quintaux et quelques de notre attelage… Je n'avais jamais vécu ça. Je ne savais pas que je pouvais planer avec les anges au-dessus du néant. C'est la première fois que je fais du ski-kite dans des conditions aussi extrêmes et, quelque part, aussi grisantes, il faut bien le dire.

Vingt kilomètres plus loin, une autre crevasse, à peine moins impressionnante que la précédente, me tend ses mâchoires, et je ne me pose même plus la question : je la franchis comme la première, tout schuss.

Pour qu'il y ait de telles failles dans la glace, c'est sûrement que les premiers contreforts du dôme C ne sont plus hors d'atteinte. Cela fait près de treize heures que je suis sur mes skis, je décide de stopper là. Mais c'est uniquement pour changer de voile en faveur de mon plus petit cerf-volant, car le vent a encore forci. La rage est toujours en moi. Je franchis la barre des deux cents kilomètres. J'emploie les quelques grammes de lucidité qui me restent à discerner de nouvelles crevasses, et c'est un *sastruga* qui, deux heures plus tard, envoie mon traîneau dans le décor. J'échappe à la chute, mais la bâche de la luge est déchirée sur près de un mètre dans le sens de la longueur. Cette fois, je n'ai pas le choix. Si je ne veux pas semer en route mes dernières affaires, je dois planter ma tente.

Deux cent quarante-sept kilomètres, c'est mon record. Ça me coûte un peu de casse matérielle et beaucoup d'usure physique, mais le spectre du 17 janvier s'éloigne en même temps que le grand glacier se rapproche. Ensuite, c'est mon lot quotidien : couture, cuisine, charcutage des orteils. Et une bonne grosse nuit de cinq heures pour laisser reposer la machine. C'est l'avantage de cette débauche d'efforts, contrairement à la semaine précédente où je ne faisais que des siestes éclairs : je dors comme un loir.

*

Le lendemain, le vent souffle toujours aux alentours de soixante kilomètres à l'heure. C'est la première chanson que j'entends le matin : le sifflement du blizzard. Entre ses arceaux en fibre de verre, ma toile de tente se creuse comme si elle voulait s'enfoncer dans la glace. Son modèle a été étudié en soufflerie pour que les vents les plus violents glissent sur elle sans l'emporter. Son côté aérodynamique s'inspire des ailerons de formule 1 capables de plaquer au sol des bolides lancés à plus de trois cents kilomètres à l'heure. Donc le blizzard peut mugir à mes oreilles autant qu'il le désire, ça me met de bonne humeur. C'est la première chanson que j'entends le matin et la seule musique de mes journées, sauf quand je mets mes écouteurs.

*

Le jour suivant est une sorte de copier-coller de celui de la veille. La fin de la longue descente depuis le pôle Sud, les mêmes *sastrugi*, les mêmes crevasses, de plus en plus nombreuses. Je décide de rééditer ma performance du jour précédent. Et peut-être même d'être encore plus offensif.

Avant d'entamer les premières pentes du glacier, je tiens à mettre un maximum de distance entre l'hiver et moi. Donc je « surtoile » délibérément mon attelage et j'abats plus de deux cents kilomètres dans le sillage supersonique de mon cerf-volant de 12 m^2.

À la fin de la journée, j'ai des bras d'haltérophile, les hanches rabotées par mon harnais et le cœur qui bat à cent à l'heure, car je n'ai pas eu l'impression de contrôler grand-chose durant cette chevauchée furieuse de près de quatorze heures. À plusieurs reprises, j'ai pensé m'arrêter afin de réduire la voilure, mais les pitons de glace surgissaient de partout et je n'ai pas voulu prendre le risque d'une fausse manœuvre qui m'aurait coûté à nouveau une longue séance de démêlage. Du coup, j'ai le quatre-vingtième parallèle en point de mire. Une petite victoire et un symbole puisque, faut-il le rappeler, le pôle Sud se situe à la latitude 90.

Dans ma tente, ce soir-là, j'en rajoute un peu en me parlant à moi-même : « Allez Mike, c'est fait, on tient le bon bout ! Bientôt, on rentre au chaud… »

*

Le lendemain matin, je déplie ma petite carte et je constate que je me trouve à la même latitude que l'*ice-shelf* de Ross. Si j'avais écouté les autres, je ne serais pas loin de sabler mon record. Mais avec des si, on mettrait l'Antarctique en bouteille. En ce qui me concerne, le programme est bien différent. Entre le record et moi, il y a une montagne. Si je maintiens ma moyenne quotidienne, je vais goûter aujourd'hui aux premiers faux plats d'une ascension qui me hissera à trois mille deux cents mètres d'altitude. Ce soir, je poserai ma couche dans le lit du glacier. Et demain, le plus dur va commencer.

*

Chaque jour, depuis près de quarante jours, le plus dur commence demain. C'est ce que je pense quand je plante mon bivouac, douze heures plus tard, à près de trois mille six cents kilomètres de l'endroit où les manchots m'ont fait signe d'accoster. Quarante jours déjà… Et combien devant moi ? Je me trouve à mi-chemin de la deuxième moitié de l'expédition.

Le verre est-il plus plein que vide ? Non, je ne dois pas raisonner comme ça. Ce n'est pas moi. Le verre est comme il est, un point c'est tout. Je peux retourner les chiffres dans tous les sens, ce n'est pas ça qui va me téléporter de l'autre côté de la montagne. La clé, désormais, c'est de dépasser le gel, l'épuisement, les congères, les crevasses, tous ces obstacles qui, empilés les uns sur les autres, finissent par devenir insurmontables. Si, à chaque fois que j'ai un pied au bord du précipice, mon cerveau m'envoie des ondes négatives, je n'y arriverai jamais. Quand je grimpe, il faut que je visualise la pente comme si elle était aussi plate que ma main. Marcher avec ma tête autant qu'avec mes jambes mortifiées. Je sais le faire. Avancer de un petit mètre et me dire pourquoi pas dix ? Pourquoi pas cent ? Pourquoi pas, oui, c'est ça le secret…

Je suis cassé de partout et c'est presque devenu une sensation routinière. Je ne me mets pas souvent torse nu, mais quand je l'ai fait, ce matin, j'ai constaté que j'avais sûrement perdu une dizaine de kilos. Pourtant, mon estomac ne crie pas famine. Et je n'ai jamais été aussi efficace que ces derniers jours. Mes muscles ont beau être exténués, perclus de crampes, ils répondent toujours présent quand il faut tirer sur ma barre de contrôle comme un forçat. Même mes pieds atroces, je ne les renie pas. Après tout, ils me portent encore. Le matin, j'enfile ma paire de chaussures en grinçant des dents. Mais je l'enfile. Et on reprend la route comme si de rien n'était, mes gros sabots et moi.

Sauf aujourd'hui. Je ne vais nulle part, aujourd'hui. Le ciel d'azur qui m'avait escorté jusqu'à présent a laissé la place à un couvercle d'acier qui masque le soleil. De gros nuages noirs jettent leur ombre au-dessus de la montagne. Il est dix heures du matin et c'est comme s'il faisait nuit. Pour la première fois, je suis obligé d'utiliser ma lampe frontale pour y voir quelque chose à l'intérieur de la tente. Nous sommes le 20 janvier et l'hiver est là.

Même le vent fait profil bas devant cette arrivée soudaine. Pour la forme, j'essaye de faire décoller mon plus grand cerf-volant. En vain. Je marche une heure ou deux en tirant mon traîneau, mais c'est juste histoire de ne pas rester inactif sous ma tente. Très vite, je me rends à l'évidence, j'ai beau plier mon corps à mes quatre volontés, un peu de repos ne lui fera pas de mal. Pour autant, je ne mets pas mon cerf-volant au chômage technique en le rangeant dans sa luge. Je l'ancre dans la glace, ses lignes bien tendues, prêt à l'usage. S'il le faut, je peux repartir au quart de tour. J'aime cette volonté qui me dicte de continuer alors que la nature m'intime de me reposer. Quand je me trouve une excuse, ce n'est jamais pour fuir le combat, toujours pour inventer un prétexte qui me fera sortir de ma tente.

*

Le lendemain, le vent est de retour et c'est tant mieux, parce que je n'imagine pas une seule seconde pouvoir me hisser au sommet du glacier sans son aide. Une fois que j'aurai basculé là-haut, une longue portion de marche m'attend, car la pente, trop raide, et la glace, truffée de crevasses, empêcheront probablement la pratique du ski-kite. En attendant, tout ce qui est pris avec mon cerf-volant n'est plus à prendre…

Comme la veille, de gros nuages noirs projettent leur ombre lugubre sur les flancs immaculés de la montagne. Sous mes skis, la glace et la neige paraissent presque grises. Ce matin, pour la première fois, mon téléphone m'a indiqué que la température était inférieure à –40 °C. –42 °C exactement, sans tenir compte du blizzard.

J'attaque toute la journée, même si je navigue un peu à l'aveuglette et si le gel me transforme petit à petit en statue de glace. En changeant de voile à quatre reprises, je parviens à parcourir près de cent quarante kilomètres. J'entame ma progression dans une zone de l'Antarctique que personne n'a jamais traversée seul et sans assistance, obnubilé par l'obligation de franchir ce glacier le plus vite possible. J'ignore encore ce que je vais trouver derrière, même si je me prépare à marcher au bord du vide sur des dizaines, des centaines de kilomètres. Et ensuite, combien de jours, combien de semaines avant d'apercevoir la mer ? Je n'en ai aucune idée, je n'engage pas ce genre de pari avec la nature.

N'empêche, le soir, dans ma tente, quand j'apprends que Steve s'apprête à sauter dans un avion pour rejoindre Fremantle, je ressens une forme de soulagement. Personne ne pensait que j'arriverais aussi vite, aussi loin. En fait, la rapidité de mon avancée a pris tout le monde de court, moi le premier. Heureusement, Jacek a fait du bon boulot et, dans trois ou quatre jours, *Pangaea* devrait pouvoir lever l'ancre pour venir me chercher. Même si je trouve porte close à la station Dumont-d'Urville, je me ferai un plaisir de me réfugier sur mon bateau, au milieu de mes potes. Steve estime pouvoir accoster là-bas aux alentours du 10 février. Au-delà de cette date, de toute façon, je ne sais pas comment ils s'y prendraient pour franchir le rempart de glace que l'hiver est en train de construire autour du continent.

*

Il fait encore plus froid que la veille, ce 22 janvier. Et le vent qui souffle en tempête me pétrifie dès que je pose un pied hors de la tente. Un nuage de neige vole à la surface de la glace et m'empêche de distinguer les variations de relief. Je ne sais pas où je mets mes spatules, je ne vois même pas mes skis…

Peut-être que j'ai fini par développer un sixième sens à force de braver les *sastrugi* et les crevasses pied au plancher. En tout cas, ça fait quatre heures que ma voile de 10 m² me tracte à la vitesse grand V et je ne suis tombé dans aucun piège. Depuis plusieurs jours, j'ai jeté mon dévolu sur ce cerf-volant de taille intermédiaire. Ça fait beaucoup de toile quand les rafales de blizzard dépassent comme aujourd'hui les soixante-dix kilomètres à l'heure, mais c'est grâce à lui que j'exerce la traction la plus constante sur ma luge. Si j'en mets un plus petit, le traîneau avance par à-coups et ça finit par me déconcentrer. Bref, je tiens à mon cerf-volant blanc et rouge comme à la prunelle de mes yeux.

C'est pour ça que j'aurais encore préféré valdinguer sur un *sastruga* que de vivre ce moment-là. Je suis en train de foncer, le vent fait un vacarme épouvantable en se fracassant sur mon visage comme un pain de glace, et pourtant j'entends distinctement le bruit sec de la pièce de plastique explosant sous l'effet du froid. *Crac !* La goupille de sécurité qui me relie à mon cerf-volant vient de céder ! Le système de largage définitif… Instantanément, ma voile s'ébroue et prend de l'altitude. Elle s'envole dans le ciel bleu. Impossible de perdre mon bien le plus précieux sans lutter. Je m'accroche à elle, du moins à ses câbles de soixante mètres, en m'agrippant de toutes mes forces à la barre de sécurité. J'essaye de la ramener vers moi, je tente de baisser les « avants », ces ficelles qui gèrent le bord d'attaque du cerf-volant, mais plus je tire sur la barre, plus je borde la voile. Au bout de trente secondes, mes bras n'en peuvent plus. Si je m'accroche davantage, je vais finir par décoller avec mon bel oiseau blanc et rouge… Alors je lâche.

Mon cerf-volant est happé par le blizzard. Libérée de toute tension, sa voile bâille dans l'air glacé. Elle s'éloigne en rase-mottes. Très vite, elle disparaît de ma vue. Je tente de suivre sa trajectoire, mais la neige soulevée par le vent forme une sorte de brouillard qui me masque l'horizon.

Sans réfléchir, je me détache de ma luge et je m'élance à sa poursuite. Je skie comme un dératé à la manière des patineurs. L'affolement et le fait d'être délesté de mon traîneau me donnent des ailes. J'agis vraiment sur un coup de tête, parce que je n'ai pas pris soin d'emporter mon téléphone satellite au cas où il m'arriverait malheur. J'ai même oublié de localiser l'endroit où j'abandonnais mon traîneau en établissant un point précis avec mon GPS.

Je me dirige vers le nord. Je suis la direction du vent. C'est la seule piste à ma disposition. J'abats les kilomètres. Toujours pas de cerf-volant à l'horizon. Déjà une demi-heure de course-poursuite. Je m'oriente à tâtons, en me servant de la forme des *sastrugi*. Si le vent tourne, eux ne vont pas bouger. Avec mes skis, je m'applique à les croiser toujours selon le même angle. À défaut de retrouver ma voile, j'ai une petite chance de pouvoir retourner à ma luge sans me perdre.

*

Rien. Rien de rien. Parfois, j'aperçois une tache sombre au loin. Mon cœur s'emballe, j'accélère encore. Mais ce n'est que l'ombre d'un *sastruga* qui se reflète sur la glace. Jusqu'où je vais aller comme ça ? Je commence à être tiraillé entre la fièvre de ma traque éperdue et l'angoisse de m'égarer définitivement. Mais j'ai le sentiment d'avoir franchi un point de non-retour. Je suis allé trop loin pour rebrousser chemin les mains vides. Alors je continue de marcher en ligne droite. Pendant une heure. Dans mon sillage, le vent balaye la neige et efface mes traces. C'est pour ça que je consulte ma montre régulièrement. Je me dis que si j'ai avancé d'une heure dans cette direction, il me faudra ajouter dix minutes de plus au retour quand je marcherai face au blizzard. Ça ne me ramènera sûrement pas à mon traîneau, mais au moins je serai dans le bon rayon. Ensuite, il me suffira de faire des cercles de plus en plus rapprochés pour mettre la main dessus.

Une heure et demie. J'ai un peu ralenti l'allure. Plus ça va, plus je me sens petit et fragile dans cette immensité. La température approche les –45 °C et c'est comme si une navette spatiale m'avait largué sur une planète hostile et sans vie. Je n'ai toujours pas de cerf-volant et je n'ai plus ma luge. Plus rien à quoi me raccrocher. Juste un fol espoir qui, peut-être, m'aveugle. Jamais je n'ai senti d'aussi près la lame glaciale du danger.

17.

« Vis pour moi... Vis pour nous deux... » Tu te souviens, Cathy, comme nous avions hésité, tous les deux, avant que j'accepte de faire de la télévision ? Je sais, tu dois te demander comment je peux penser à ça maintenant ! Sûrement que je n'en mène pas large et que tout mon passé défile dans ma tête au pas de charge. Sûrement que je prends de l'avance au cas où l'Antarctique aurait décidé de me faire un sort...

La télé, donc. Je pensais que ça risquait de jeter une ombre sur ma vraie vie d'explorateur. Je craignais le côté superficiel de la notoriété. J'ai franchi le pas et, finalement, ça n'a rien changé à l'homme que je suis. Peut-être même que j'en sors enrichi, moi aussi. Je vis de chouettes expériences qui m'extirpent de mon monde solitaire, je rencontre des personnalités que je n'aurais jamais rencontrées en d'autres circonstances. J'ai cinq jours pour essayer de leur faire partager toute la gamme des émotions qui m'accompagnent dans ma vie d'explorateur. Pour ces idoles de la scène ou du petit écran, c'est une sacrée remise en question. Il n'y a pas de public pour les applaudir à la fin du show.

Les seules personnes à pouvoir leur dire bravo, c'est elles-mêmes quand elles ont surpassé leurs limites. Et elles l'ont toutes fait à leur manière. Quand je les emmène crapahuter dans des déserts ancestraux ou des gorges verdoyantes, la plupart des mecs débarquent en roulant des épaules, leur ego de star en bandoulière. Mais dès que la nature se met en travers de leur chemin, ils se cabrent et peuvent renâcler devant l'obstacle. À l'opposé, les femmes semblent si fragiles derrière leur maquillage discret, leur sourire effarouché. Et pourtant, ce sont elles qui détiennent l'audace et la bravoure. Dans l'épreuve, elles acceptent tout : la peur, la faim, la douleur. Sans une plainte, sans un mot plus haut que l'autre.

Mais ça ne m'apprend rien, car toi aussi, Cathy, tu m'as toujours impressionné par ta force. Et jusqu'à ton dernier jour. Je me sentais si faible, parfois, à tes côtés. Voilà pourquoi je pense à ça maintenant. Ce n'est pas moi qui dis : « Ne lâche pas, Mike ! » C'est quelqu'un d'autre qui me souffle : « Tu ne peux pas abandonner comme ça… » Depuis près de deux heures, je marche seul dans la neige et le vent, sans savoir où aller. Ma fierté, ma force et même mon instinct de survie ne me sont plus d'aucun secours. J'ai perdu ma luge, mon cerf-volant et toutes mes boussoles. Je n'ai plus que le souvenir de ton courage.

18.

Une énième fois, je regarde ma montre. Ça fait maintenant deux heures dix que je m'épuise pour rien. J'ai dû parcourir près de quinze kilomètres et je n'ai croisé que des ombres de glace. N'importe qui aurait fait demi-tour à ma place. Depuis longtemps. Moi-même, sans doute, j'aurais fini par rebrousser chemin si mon terrain de chasse n'était pas aussi accidenté.

C'est peut-être une lubie, mais c'est le dernier espoir qui me tient debout. Je veux croire que mes plus fidèles ennemis, ces chers *sastrugi*, ont encore envie de s'amuser un peu avec moi et qu'ils m'ont laissé une opportunité de continuer l'aventure. Je me dis qu'à force de voler en rase-mottes mon cerf-volant a bien dû se payer l'une de ces maudites congères. Et qu'il a suffi que ses câbles s'enroulent autour pour qu'il se trouve immobilisé. C'est ma seule chance. Sinon, à l'heure qu'il est, ma voile doit déjà se balader au sommet du glacier. Ce serait vraiment la guigne, vu le nombre de fois où j'ai failli m'emmêler les ficelles dans un *sastruga* alors que je faisais tout pour que ça ne se produise pas…

*

Pourquoi y croire encore quand tout indique que les jeux sont faits et que l'histoire est finie ? Parce que je suis plus têtu qu'un ours polaire et que c'est ma dernière carte à abattre si je veux rester en vie. Il faut toujours braver la peur et le mauvais sort jusqu'à son dernier souffle. J'ai retenu cette leçon lors de mon expédition au pôle Nord avec Børge, en 2006. Une nuit, une ourse a voulu attaquer notre tente pour nourrir ses petits. Avec le fusil, j'ai tiré une fusée éclairante dans sa direction et la bête a rebroussé chemin. Puis, elle est revenue à la charge et j'ai tiré une nouvelle fusée. Deux fois, cinq fois, dix fois, douze fois, la même scène s'est répétée. Il n'y a pas eu de treizième fois. Effrayée, l'ourse a jugé que c'était peine perdue. Elle a eu tort. Je n'avais que douze fusées éclairantes à ma disposition. Si elle avait insisté une fois de plus, ses petits se seraient offert un sacré festin, cette nuit-là…

*

Au début, j'ai l'impression d'entrevoir encore une tache sombre, environ six cents mètres devant moi, juste au pied d'un *sastruga*. Depuis le temps que je marche dans le vide, je ne veux pas m'emballer pour rien. Ce n'est sûrement qu'une ombre de plus. Je m'approche sans me hâter, mais plus l'ombre grossit, plus il me semble qu'elle bouge. Je m'approche encore et, désormais, je distingue clairement ses formes qui s'agitent frénétiquement sous les coups de boutoir du blizzard. Une ombre aux liserés rouges !

Soudain, je ne marche plus, je sprinte, je vole au-dessus de la glace. Il n'y a pas une seconde à perdre : j'ai trop peur que mon cerf-volant ne me file à nouveau sous le nez. Peut-être est-il mal accroché ? Peut-être qu'à force de tirer sur ses ficelles, celles-ci vont se trancher sur l'arête du *sastruga* ? Le cœur palpitant, je n'ai pas le temps d'inventer un troisième scénario catastrophe.

Je bats le record du monde de vitesse en ski nordique, je me rue sur mon cerf-volant, je le plaque sur la glace, je le serre contre moi. Et je l'étreins longuement, comme s'il s'agissait d'un adolescent fugueur qui vient de réapparaître.

*

Maintenant, il faut retourner à mon traîneau. Je plie ma voile, je fais une boule avec ses ficelles qui, de toute façon, sont déjà toutes enchevêtrées, et je pars pour marcher environ deux heures et demie contre le vent. À l'aller, j'ai pris soin de casser le sommet des *sastrugi* à intervalles plus ou moins réguliers pour m'aider à garder le cap et à bien avancer en ligne droite. Dans la jungle, je faisais pareil en tailladant les arbres pour me repérer. Je sais aussi que, étant droitier, j'ai malgré moi incurvé ma trajectoire de cinq ou dix degrés sur la gauche. À pied ou en ski de fond, c'est le même principe, la jambe forte pousse davantage que la jambe faible et vous déporte insensiblement du côté de cette dernière. En fait, l'homme n'est pas fait pour marcher en ligne droite.

J'ai beau m'efforcer de garder la tête bien droite pour que le vent finisse de congeler mon visage toujours selon le même angle, au bout de deux heures et demie, je n'aperçois toujours pas mon traîneau. Je reprends mes calculs et je me dis qu'avec l'adrénaline qui coulait dans mes veines au moment où j'ai vu mon cerf-volant se faire la malle, j'ai sans doute parcouru plus de distance que je ne le croyais. En plus, dans la panique, je n'ai pas pensé tout de suite à faire des marques sur les *sastrugi*. Même si j'ai déjà rajouté vingt minutes à la durée de mon trajet aller pour tenir compte du vent de face, je décide de marcher une demi-heure de plus. Bingo ! Au bout du périple, ma luge est là, stoïque, pile sur mon cap. Je soulève sa bâche blanchie par le gel et je jette ma pelote de ficelles inutilisables à l'intérieur. J'ai le dépit d'avoir été piégé par le sort et la satisfaction immense d'avoir remporté une victoire sur moi-même. J'ai perdu cinq heures et je suis presque aussi heureux que si j'en avais gagné dix.

Là-dessus, je ne m'éternise pas. Je prends un jeu de ficelles de rechange dans mon traîneau et je l'accroche à mon cerf-volant qui est sorti intact de ses pérégrinations. En revanche, je n'ai plus de système de sécurité. La goupille de largage est irréparable, mais il faut quand même que son câble reste solidaire de l'attelage. Je décide de renforcer la pièce de plastique avec des ficelles de parapente que j'ai toujours dans ma poche. Je noue solidement l'ensemble et je l'arrime à ma taille. Désormais, je n'ai plus le droit de tomber. Tout est attaché à moi et je n'ai plus de système de largage.

À la moindre chute, je suis bon pour me faire traîner sur la glace jusqu'à ce que mon cerf-volant s'essouffle.

*

Une journée inoubliable, vraiment. Avec l'enthousiasme d'un miraculé, j'enchaîne les heures de ski sans m'en rendre compte. Le vent est encore plus puissant que tout à l'heure quand je marchais face à lui et qu'il voulait me décapiter. Je ne me préoccupe que des obstacles qui surgissent devant moi, car je sais que les *sastrugi* ne me feront pas deux cadeaux dans la même journée. Le temps qui passe m'importe peu. Je suis complètement dans mon truc comme quand, gamin, je gravissais la montagne avec mon sac à dos bleu.

Quand je finis par regarder ma montre, je découvre que j'ai skié presque sept heures d'affilée et qu'en dépit de mes malheurs j'ai abattu près de cent soixante kilomètres depuis la veille. Sans compter le petit bonus de la chasse au cerf-volant ! Une fatigue énorme me tombe soudain sur les épaules. L'épuisement et, sans doute, un peu les nerfs qui lâchent. Cela fait bientôt vingt heures que je suis debout. Tout à coup, je suis mort.

Je m'empresse de monter ma tente. J'ai répété ces gestes des milliers de fois. Je me tiens à quatre pattes dans des bourrasques de fin du monde. Je commence toujours par planter l'ancrage à l'arrière de la tente. Ensuite, j'ouvre la tente et je place les arceaux. Est-ce que je n'ai pas assez enfoncé l'ancrage dans la glace ?

Au moment où j'enfile la deuxième tige en aluminium dans la toile, ma tente est emportée par une rafale. Ah non ! Pas deux fois dans la même journée ! Je plonge dans la neige pour la rattraper. Je la tiens, je ne la lâche plus, mais j'ai peur que les arceaux ne soient cassés. Il faudrait les démonter, enlever les élastiques à l'intérieur, changer les pièces… Par chance, ils sont intacts. Et pourtant, je continue de trembler.

Je cherche un carré de neige bien compact pour planter ma tente de manière plus fiable et je suis secoué de frissons. C'est bien, les frissons, ça brûle une poignée de calories, ça crée un ou deux watts, et ça maintient les organes vitaux en vie. Quand on n'en a plus, c'est qu'on est en hypothermie. Voilà ce qui me guette. En appuyant de toutes mes forces sur les sardines pour les enfoncer dans la glace, je ne sens déjà plus mes mains. Je mets trente secondes pour boucler l'installation et je me précipite dans ma luge pour prendre mes affaires. J'ajoute une couverture de survie et une bougie. Avec la flamme du réchaud, c'est la manière la plus efficace de réchauffer mon corps. Je reste une bonne demi-heure comme ça, dans cette ambiance de veillée funèbre. Les frissons s'estompent, mes mains commencent à se recolorer. Ensuite, je fais fondre deux litres de glace pour me désaltérer, je mange trois boules de graisse. Et je m'endors.

*

Les jours suivants, il y a une sorte de trêve générale. Après m'avoir rudoyé, la nature a décidé de m'accorder un peu de répit. Je n'ai aucune envie de déclencher à nouveau les hostilités. J'en profite pour renforcer une fois de plus l'isolation de mes chaussures. Je redécoupe mon matelas isolant dont il ne restera plus, bientôt, que des lambeaux. J'épaissis les semelles, j'enrobe la première couche de mousse que j'avais collée autour de mes chaussures quelques jours plus tôt avec une deuxième. En me servant de quelques sous-vêtements que j'avais en réserve, je confectionne des sortes de guêtres pour protéger mes tibias. Je suis fringué comme un épouvantail, mais l'important c'est qu'il me reste toujours quelques gouttes de sang pour irriguer mes extrémités après avoir bravé le blizzard.

Je suis maintenant sur les premières pentes de la montagne, mais une telle ascension ne se fait pas en quelques heures, ni même en quelques jours. Pour gagner plus de mille mètres de dénivelé, il faut faire des tours et détours, abattre des dizaines, des centaines de kilomètres en suivant les caprices du vent. J'en parcours cent soixante-cinq le 23, et une soixantaine supplémentaire le lendemain. J'ai l'impression de ne gravir que des faux plats, le plus dur est toujours devant moi. Pour la première fois, néanmoins, je passe sous la barre des mille kilomètres avant l'arrivée. Il ne m'en reste plus que neuf cent quatre-vingt-cinq.

*

Le jour d'après, il n'y a pas de vent et je passe ma journée dans la tente à gamberger. C'est quoi, en fait, mon but dans cette histoire ? À quoi ça sert de traverser l'Antarctique ? Qui s'y intéresse, à part moi ? Pour la plupart des gens, ça n'a peut-être aucun intérêt… J'écris : « Même si pour les autres, il y a zéro valeur dans ce que je fais, ça m'apprend à creuser profond à l'intérieur de moi, à y trouver des ressources que j'ignorais, et à devenir un meilleur être humain... » Jamais je n'ai éprouvé ce besoin de justifier ainsi ma quête d'explorateur. Jamais je ne me suis senti aussi vulnérable hors de la sphère familiale et d'un carré d'amis. Je savais que ce raid à travers l'Antarctique serait sans doute le défi physique le plus éreintant de ma carrière. Mais je n'étais pas préparé à ce que ce parcours du combattant se double d'une telle épreuve psychologique.

Annika m'a confirmé qu'elle continuait de ferrailler avec les responsables de la base Dumont-d'Urville pour qu'ils m'ouvrent leurs portes quand j'arriverai là-bas, si j'y arrive. Quant à mon sponsor, il me convoquera ultérieurement pour des explications et la communication autour de mon hypothétique exploit se fera avec des pincettes. Je me dis que pour qu'on me tresse un bel hommage, il faudrait peut-être qu'il m'arrive malheur.

Autre sujet de préoccupation : le bateau. *Pangaea* prend la mer aujourd'hui. Avec Steve, on a vraiment calculé les délais au plus juste en prévoyant un accostage sur la terre Adélie aux alentours du 10 février. Ça m'impose de boucler mon parcours à la même date, à deux ou trois jours près. Je ne veux pas laisser l'équipage se morfondre plus longtemps au milieu des glaces, dans le coin le plus tempétueux de toute la côte Antarctique. Si j'ai du retard, *Pangaea* va finir broyé entre deux icebergs et j'aurai tout perdu. En même temps, les plus de neuf cents kilomètres qui me restent à parcourir n'ont rien d'une promenade de santé. Je ne peux pas me mettre la pression chaque jour au risque de me foutre en l'air dans une crevasse. Je sais que c'est souvent vers la fin d'une expédition que l'on commet ses plus grandes erreurs. Et je n'ai pas attendu d'y être pour en commettre quelques-unes déjà…

Pour me distraire de ces soucis, je me consacre au démêlage de la pelote que j'ai jetée dans la luge après la chasse au cerf-volant. Très efficace pour se calmer les nerfs. Et, afin d'achever de me détendre, je me paye une double ration de dessert – mousse au chocolat et pudding à la vanille – en l'arrosant des dernières lampées du whisky qui restait dans ma flasque. Ensuite, j'attends le lendemain en priant pour que le vent se lève, car l'intense activité intellectuelle de la journée m'a épuisé. Ce n'est pas vraiment mon truc.

*

Aux premières heures du 26 janvier, j'ai l'impression d'avoir été exaucé. Le blizzard sort de son lit en même temps que moi et soulève mon cerf-volant sans effort. Ça ne dure pas longtemps, car la neige se met à tomber, le ciel devient tout gris, le vent ricoche sur le glacier et retombe en tourbillons, ce qui m'oblige à courir derrière lui en zigzaguant au milieu des *sastrugi*. J'ai beau changer ma voile de 18 m^2 pour celle de 12 m^2, je n'arrive pas à me caler dans la bonne direction. J'insiste, car je veux au moins franchir la barre des cent kilomètres après la journée gâchée de la veille. J'y parviens à l'arraché et je plante ma tente aux deux tiers du glacier, sous un dôme de béton si bas, si pesant qu'il n'y a plus d'horizon. Un ciel de fin du monde qui annonce la tempête.

Ici, on en apprend tous les jours sur la vie. Après avoir imploré la nature, Éole, les anges et je ne sais qui encore de me donner un coup de pouce en réveillant les vents de l'Antarctique, voilà soudain que ça souffle bien trop fort, au-delà des cent kilomètres à l'heure. « Satisfais-toi de ce que tu as, Mike, cesse de vouloir toujours plus, ne compte que sur toi-même… »

Dans une telle tempête, aucune de mes voiles ne convient vraiment. Je n'arrive même pas à domestiquer la plus petite d'entre elles, celle de 4 m^2. Dès que je la fais décoller, le blizzard menace de déchirer sa toile. Si j'étais remorqué par un dragster, la tension exercée sur mes bras ne serait guère plus intense. Pourtant, je n'ai pas le choix, il faut que j'avance. Il en va de la réussite de mon entreprise. Depuis près d'une semaine, le thermomètre s'est calé sous les –40 °C, l'hiver prend possession de son territoire et mon bateau se rapproche des eaux périlleuses de l'océan Glacial antarctique. Dans une telle tempête, la prudence commanderait de rester sous la tente. Moi, si je la monte à la hâte au bout d'une heure, c'est pour raccourcir les ficelles de mon cerf-volant et me jeter à nouveau dans la bataille.

Je crois que je préfère encore me démener sur mes skis à être transi dans mon abri. Même si je suis protégé du vent, il y fait la même température qu'à l'extérieur, à savoir –44 °C, et quand il faut que j'ôte mes moufles pour préparer les lignes de quatorze mètres, mes mains s'engourdissent en quelques secondes comme sous l'effet d'une piqûre anesthésiante. Ce n'est pourtant qu'un début. Ensuite, il faut sortir dans la tempête pour attacher le nouveau jeu de cordes au cerf-volant. Le froid enfonce sa lame jusqu'aux os, mes doigts aux ongles fendus par le gel ne m'obéissent plus. La manipulation, banale en d'autres circonstances, se transforme en supplice. Quand je termine quelques dizaines de secondes plus tard, je me dis plus jamais, je me jure de n'enlever ma paire de moufles sous aucun prétexte jusqu'au soir. J'ai presque envie de me la faire greffer à l'extrémité de mes bras jusqu'à la fin de mes jours.

Sauf que, deux heures plus tard, il faut tout recommencer. Remplacer mes lignes de soixante mètres par celles de quatorze mètres n'a pas suffi. Le vent furieux continue de me faire tituber derrière mon cerf-volant sans que je parvienne à contrôler sa trajectoire. Il faut encore raccourcir les rênes. Comme je n'ai pas de ficelles moins longues, je décide de couper celles de quatorze mètres pour les ramener à dix. On ne pourra pas dire que je n'ai pas tout tenté…

Le ciel, qui a viré du gris au blanc laiteux, est si bas qu'il semble s'être fiché au sommet du glacier. Il ne fait plus qu'un avec la montagne. Le vent fait voler la neige comme il épousseterait un vulgaire tapis. J'avance dans une brume de flocons humide et glaciale. Mais j'avance. Il n'y a plus d'horizon, plus de cap à tenir, juste une vague direction que le blizzard m'impose. Juste l'obsession de me rapprocher chaque jour un peu plus de la délivrance, car mon corps est devenu trop vulnérable et mes défenses tombent une à une.

J'ai l'habitude de faire du ski-kite dans des conditions peu recommandables, mais là, franchement, c'est le pompon. Avec ma plus petite voile et mes cordes de dix mètres, j'ai l'impression de tenir un parapluie à bout de bras, et pourtant c'est déjà trop puisque les rafales me plaquent régulièrement contre les *sastrugi* qui poussent comme des champignons sur ces pentes battues par le blizzard. Dans ce décor de train fantôme, avec tous les réglages que j'ai dû opérer, parcourir trente kilomètres en huit heures relève de l'exploit. À ma place, n'importe qui se féliciterait de s'en être sorti indemne. Mais la ténacité est chez moi une sorte de puits sans fond. Il y a toujours quelques gouttes d'énergie et d'exaltation à racler au-delà de la souffrance et de la raison.

*

Allez, un dernier obstacle à franchir. Après, je plante ma tente et je me réchauffe la couenne. Le vent me précipite droit vers cette ultime chicane de glace. Elle ne mesure guère plus de cinquante centimètres et je pourrais presque l'effacer en m'en servant comme d'un tremplin. J'hésite un quart de seconde. En définitive, je préfère manœuvrer pour l'éviter car, depuis que je n'ai plus la possibilité de larguer mon cerf-volant, la moindre chute peut engendrer de graves conséquences. Sauf que, parfois, le mieux est l'ennemi du bien.

J'assure mon virage, mais ma luge, lancée sur ses rails, décolle plein pot sur le *sastruga*. Comme j'ai déporté ma trajectoire sur la gauche, la courroie accrochée à mes reins se tend du même côté et provoque un porte-à-faux fatal au moment où mon traîneau atterrit. Aussi sec, il se retrouve les deux fers en l'air. Il parcourt une dizaine de mètres en glissant sur sa bâche avant que la poudreuse le stoppe définitivement. Terminus ! Tout le monde descend !

En un éclair, je me retrouve à mon tour le nez dans la neige, disloqué entre ma luge qui ne veut plus bouger et mon cerf-volant qui s'agite frénétiquement au bout de ses câbles. Toute la journée, il a fait l'ascenseur à la moindre variation du vent, montant à la verticale puis redescendant en piqué, j'ai même dû le ramasser dans la neige à plusieurs reprises après qu'une rafale l'avait aplati comme une crêpe. Et là il continue de plus belle, car ses lignes se sont prises dans une congère lors de ma chute et je n'ai aucun moyen de le diriger. Une fois, deux fois, il me soulève à trois ou quatre mètres du sol avant de me laisser retomber comme un sac. Chaque choc m'arrache un grognement de douleur.

Impossible de me défaire de ma voile devenue folle sans le système de largage. Impossible également de m'en approcher pour la plaquer au sol car la courroie de mon traîneau me maintient prisonnier. À chaque fois que j'essaye de me remettre sur mes jambes, les ficelles se tendent un peu plus et mon cerf-volant me catapulte à nouveau dans les airs. Je retombe de tout mon long comme un pantin écartelé. Je ne peux que me protéger la tête tandis que mon corps atterrit sur la glace dans un bruit sourd. Je suis dans la peau du pauvre type qui se fait passer à tabac et qui ne peut qu'implorer ses bourreaux. J'ai l'impression que quelqu'un me frappe avec une massue en hurlant : « Je te tue ! » Et je ne peux riposter qu'en le suppliant : « Non, non, arrête de me taper ! » Lors de mon troisième aller-retour dans les nuages, mon ski gauche se brise, ajoutant une touche supplémentaire à cette atmosphère de débâcle.

Il faudrait que la tempête se calme et que je cesse d'être écartelé entre mes deux compagnons de route pour pouvoir tenter quelque chose, mais le blizzard mugit de plus en plus fort et déjà il me soulève une quatrième fois. Mon épaule droite atterrit la première sur la glace dans un bruit de vaisselle cassée. Je trimballe une vieille blessure à cette épaule, et si elle se ravive, mon beau rêve s'arrête là, sur ce glacier paumé, à huit cents kilomètres du but et à des années-lumière de toute vie humaine.

Ensuite, tout semble se dérouler au ralenti, comme dans la dernière scène d'un film avant le générique. Le vacarme redouble autour de moi, le blizzard hurle à la mort, la neige commence à me recouvrir de son linceul. Je gis sur la glace, sonné. Je n'entends rien, je ne vois rien, je ne sens rien, même plus le froid, que ce poignard planté dans mon épaule. Étalé sur le flanc, j'essaye de bouger mon bras. En vain. Je ne parviens même pas à serrer le poing. Cette fois, c'est fini.

19.

« Vis pour moi… Vis pour nous deux… » Tu te souviens, Cathy, comme on avait rigolé quand je t'avais raconté l'histoire de mon épaule. Je crois même que c'était un de nos premiers éclats de rire. À l'époque de l'accident, je venais d'arriver en Suisse. Je travaillais à l'auberge de jeunesse de Château-d'Oex, je mangeais à l'Armée du salut. Et je voulais apprendre à skier tout seul. Je regardais comment les autres s'y prenaient. Ça ne me paraissait pas sorcier. Comme je n'avais pas d'argent pour payer la télécabine, je grimpais la nuit au sommet de la montagne et je me lançais à l'aveuglette sur n'importe quelle piste. J'avais mis toutes mes économies dans mes chaussures et dans ma paire de skis d'occasion. Au bout de deux semaines, je me débrouillais déjà pas mal.

C'est pour ça que j'ai attaqué tout schuss dans ce mur verglacé. Sauf que, quand le virage est arrivé, moi, j'ai tiré tout droit. Je suis tombé sur l'épaule droite et j'ai glissé sur le dos jusqu'en bas de la piste noire. J'étais bien amoché, j'ai failli tomber dans les pommes, mais j'ai réussi à me traîner jusqu'à la route avec mes skis sous le bras. Un type qui passait en bagnole m'a déposé à l'hôpital. Et là-bas, ils ont replacé mon épaule qui s'était déboîtée avant de me trouver un lit pour opérer la fracture de la clavicule dès le lendemain. Évidemment, je n'avais pas le premier franc suisse pour me payer une telle opération et je n'étais même pas déclaré là où je travaillais. Au milieu de la nuit, j'ai arraché toutes mes perfusions et j'ai filé par la sortie de service avec mon bras en bandoulière. Ma clavicule s'est calcifiée toute seule et, même si j'ai toujours ressenti une petite gêne à l'épaule droite, ça ne m'a pas empêché de vivre mille aventures par la suite.

Il fallait sûrement être insouciant pour faire ça, et Dieu sait si je l'étais à l'époque. J'ai d'ailleurs continué à l'être. Tu le sais, Cathy, tu connais ma devise : « Tant qu'on est en vie, il n'y a pas de problème… » C'est peut-être grâce à ça que j'ai réussi à faire deux, trois choses qui sortent un peu de l'ordinaire. Je ne suis pas un gars qui se prend la tête. Mais là, depuis quelques semaines, il y a des moments où je ne me reconnais plus. Même si je ne pense qu'une minute par jour à ceux qui remettent en question mon aventure, c'est déjà trop. Je n'aime pas me dire que je vais aller au bout pour leur donner tort. Ce n'est pas moi. Mais comment y échapper ? Au Cap, on voulait m'empêcher de partir ; j'ai cru que j'allais devoir contourner le pôle Sud pour échapper aux contrôles. Et à présent, si, par miracle, j'arrive à destination, j'ignore si je pourrai dormir dans un lit chaud. Je marche sur le bord de la falaise avec une jambe dans le vide et j'ai l'impression que l'on me traite comme un repris de justice…

Ce n'est pas moi, non. Moi, quand quelqu'un fait quelque chose d'extraordinaire, je ne le jalouse pas, je l'admire, ça me stimule. C'est comme avec mon père quand j'étais tout gosse. Tous les matins, il se levait à cinq heures trente pour aller courir dans la campagne voisine. Je sortais de ma chambre à la même heure que lui, je l'attendais dans le couloir avec ma paire de baskets et je l'accompagnais le plus loin possible dans son footing. Ça a duré pendant des années, jusqu'à ce qu'il soit au crépuscule de sa carrière de rugbyman. J'avais dix ans et, un matin, il m'a posé une drôle de question alors que je patientais dans le couloir.

— Tu sais pourquoi je me lève à l'aube tous les matins pour aller courir ?

— Oui, papa. C'est pour ta condition physique, pour le rugby. Jusqu'à ton dernier match, tu veux leur montrer que c'est toi le plus fort !

— Non, Mike, ça fait déjà un bon moment que c'est fini tout ça. J'ai une motivation bien plus forte. Chaque matin, je me lève à cinq heures trente parce que je sais que quand je sortirai de la chambre, tu seras là, en train de m'attendre dans le couloir…

Cette leçon court toujours dans ma tête. C'est à elle que je me raccroche quand je sens les mauvaises pensées monter en moi. À quoi ça sert de traverser l'Antarctique ? À partager mon rêve. À ouvrir les yeux des gens sur le joyau le plus inaccessible de notre planète. À faire souffler le blizzard dans les têtes et à faire battre les cœurs pour la préservation de ce continent de diamant. Je me fiche de la gloriole, de l'argent, du qu'en-dira-t-on. Même si je n'inspire qu'une poignée de gamins à travers le monde, je serai fier de moi.

20.

Je ne peux plus bouger mon bras droit. À nouveau, les câbles du cerf-volant se tendent pour m'expédier dans les airs comme un champion de trampoline. Sauf qu'il n'y a pas de trampoline. Si je retombe encore une fois de tout mon poids sur la glace, je ne sortirai pas de ce piège en un seul morceau. J'ai quoi ? Dix secondes ? Trente ? Une minute, peut-être, pour m'en extirper…

Dans ma tête, ma vie défile à toute vitesse, chacune de mes expéditions, les moments les plus critiques, les instants où j'ai vu la mort en face et comment je m'en suis sorti. Ne pas jeter l'éponge. Combien de fois j'en ai réchappé parce qu'il restait encore une issue et que cette solution m'était apparue à la dernière seconde… Quand je flottais dans l'eau glacée au pôle Nord en état d'hypothermie, quand je me suis assommé sur un rocher et que je gisais au fond de l'Amazone, quand j'étais saucissonné par les câbles de mon traîneau et de mon cerf-volant au Groenland et que j'ai réussi à… Mais oui, bien sûr ! La voilà, ma dernière chance… Me servir des carres métalliques de mon ski cassé comme d'une lime pour me libérer des cordages qui m'emprisonnent !

Si je coupe une ligne, une seule, la voile se dégonflera et cessera de me martyriser. L'inconvénient, c'est que je ne peux me servir que de mon bras gauche. L'avantage, c'est que j'affûte mes carres avec la lame de mon couteau de poche plusieurs fois par semaine pour qu'elles accrochent mieux sur la glace. Il le faut, car les câbles de mon cerf-volant sont en Kevlar, on fait des gilets pare-balles avec ça !

Mais l'énergie du désespoir décuple les quelques forces qui me restent. En moins d'une minute, l'une des lignes du bord d'attaque cède sous ma scie improvisée et mon cerf-volant part en chaussette avant d'être cloué au sol pour de bon. Enfin, je peux me remettre debout sans craindre un nouvel aller-retour en apesanteur.

Je me détache de ma luge et je plie mon cerf-volant avec mon seul bras valide. Je constate que les caissons de sa voile sont déchirés, hors d'usage. C'était le seul dont je pouvais me servir – et encore... – dans cette zone proche du sommet du glacier où le blizzard règne en maître absolu.

Avec mon épaule en vrac, je parviens tant bien que mal à monter ma tente. Le bilan de la journée est apocalyptique : un ski cassé, mon cerf-volant crevé, le bras droit en compote. Curieusement, ma première pensée consiste à me dire que je vais garder mes mésaventures pour moi afin de ne pas inquiéter mes proches.

Mon épaule me fait tellement souffrir que je n'arrive pas à allumer mon réchaud avec une allumette pour faire fondre la glace. Je suis obligé d'utiliser mon briquet que j'ai préalablement réchauffé sous mes aisselles. L'articulation de ma clavicule est bousillée, les muscles de l'épaule écrasés par les chocs successifs, l'os probablement fissuré au regard de la douleur, un vrai coup de couteau. J'ai des comprimés de morphine avec moi. J'en prends une rasade. La douleur s'estompe, laissant la place à un cafard irrépressible. Ce soir-là, je m'endors en pleurant comme un gamin. Je n'ai même pas la force de tenir une allumette entre mes doigts : comment pourrais-je remorquer mon traîneau de cent soixante-dix kilos sur plus de sept cents kilomètres ?

*

J'ai mal dormi et la tempête est toujours là. Je bois mon cappuccino en tremblant parce que j'ai l'impression que le blizzard va finir son ouvrage et arracher ma tente. Sous l'effet de la morphine, j'entends comme une voix dans ses rugissements sauvages : « Ici, c'est moi qui décide, toi, tu ne pèses rien… Si je veux, dans cinq minutes, tu es mort… » Il faut que j'envoie un e-mail à Steve pour savoir si le bateau avance bien. Avec mon accident, tous nos calculs tombent à l'eau. Si je ne peux plus me servir de mon cerf-volant, je vais mettre des semaines pour boucler ma traversée. Il me reste la possibilité de marcher en m'aidant d'un seul bâton. Et de larguer de la nourriture pour alléger mon traîneau. Tant pis si l'hiver me rattrape. Je construirai un igloo et je mangerai du manchot en attendant qu'il passe… Steve me confirme que *Pangaea* traverse l'océan Austral à bonne vitesse et qu'il pense accoster dans les délais sur son quai de glace. Comme je n'ai rien d'autre à faire, je prolonge un peu l'échange par e-mail.

— Sinon, tout va bien à bord ?

— Mieux, ce serait insupportable... Jacek tourne en rond parce qu'il n'y a plus rien à bricoler. Laure t'embrasse, je crois qu'elle va te préparer un cake pour ton arrivée. Et toi ? Ça commence à sentir l'écurie, non ? Toujours la forme ?

— Impec. Aujourd'hui, je ne vais pas sortir de la tente parce que ça souffle un peu trop fort. Tranquille, quoi...

Pas la peine d'alarmer la terre entière. De toute façon, personne ne peut venir me chercher ici. Je dois me sortir de cette situation tout seul. Dans les prochains jours, on verra avec Steve si le bateau doit faire demi-tour.

Jusqu'au soir, je me consacre à des tâches domestiques qui me prennent un temps fou avec mon bras en écharpe. J'ai immobilisé mon épaule à l'aide d'un bandage. J'alterne les prises de morphine avec un autre analgésique moins puissant car, depuis hier, je suis vraiment dans les vapes, j'ai l'impression de délirer un peu.

*

Il faut que je reste calme. C'est le mot d'ordre quand je me réveille le lendemain. La journée semble idéale pour une remise en route. Les crêtes de la glace sont nimbées d'une pâle lumière, car le soleil n'arrive plus à se hisser entièrement au-dessus de la glace. Mais la tempête s'est évanouie et, sous ce vent léger, la température me semble presque clémente. –36 °C : une fournaise, en cette saison. Au départ, j'envisage de marcher gentiment en tirant ma luge pendant quelques heures. Inscrire une poignée de kilomètres sur mon carnet de bord après la journée blanche de la veille, mais surtout ne pas brusquer la machine brinquebalante.

Il faut pourtant se rendre à l'évidence, je n'arriverai jamais à me métamorphoser en gestionnaire de l'effort. Alors que je pensais y aller mollo, au final, c'est plus fort que moi : dès que je sens la brise s'écraser doucement sur mon visage, je me dis qu'il n'y a pas grand risque à tenter l'expérience. Qu'est-ce que j'ai à perdre ? Je déplie ma voile de 6 m^2 et j'étale mes lignes de quinze mètres en me servant d'un seul bras, puisque j'ai calé l'autre sous mon blouson en plumes. Le décollage est digne d'un débutant. D'emblée, la voile échappe à ma timide emprise, fait demi-tour et s'enroule autour d'elle-même comme une hélice. Quand elle retombe, les câbles sont totalement emberlificotés. Il en faut plus pour me décourager. J'ai tellement hâte de recommencer que je ne monte même pas la tente.

Ça me prend une heure et demie pour tout remettre en ordre. J'enlève mes moufles, je les enfile pour me réchauffer les doigts, je les retire, je les renfile… Et je m'insulte copieusement : « Je suis vraiment un amateur ! Quel con !… » Du coup, ça fait monter l'adrénaline et je réussis le décollage suivant en deux coups de barre de contrôle. J'ai pris soin de raccourcir au maximum la distance avec mon traîneau pour gérer plus facilement ses trajectoires.

Je ne cherche surtout pas à contrecarrer la volonté du vent et les inspirations de mon cerf-volant. Je me laisse tracter vers le nord-est alors que je devrais me diriger vers le nord-ouest. J'ai juste envie de savoir jusqu'où je peux aller comme ça avec ma seule main gauche agrippée au centre de la barre de contrôle. Au fond, c'est un peu comme quand l'automobiliste m'a ramassé sur le bord de la route, l'épaule en miettes, pour m'amener à l'hôpital. Je n'allais quand même pas me plaindre sous prétexte qu'il ne prenait pas le bon raccourci… Je me demande si, en skiant comme une brute, mon style favori, j'aurais réussi à faire beaucoup mieux qu'avec mes précautions d'infirme. Contraint et forcé, je privilégie la fluidité, j'arrondis mes virages, je ne borde pas ma voile en permanence.

Et après douze heures d'arabesques soyeuses, je me rends compte, à mon grand étonnement, que j'ai réussi à parcourir cent soixante-dix-sept kilomètres… Pas mal pour le type à l'épaule en steak haché qui pleurait sur ses espoirs perdus quarante-huit heures plus tôt.

*

Me voilà parvenu au sommet du glacier. Demain, je n'ai plus que quelques monticules à franchir et, ensuite, waouh… C'est la descente vers la mer ! Ma carrière de ski-kite relancée contre toute attente, j'en profite pour adopter quelques bonnes résolutions. Ne jamais oublier de prendre mon couteau de poche avec moi, dans le cas où l'accident de l'autre jour se reproduirait. Diminuer encore la morphine parce qu'à plusieurs reprises, aujourd'hui, j'ai eu l'impression de voler… Et me taper un bon gueuleton pour fêter ça, même si je dois mettre deux heures à faire fondre la glace !

C'est au moment où j'allume mon réchaud que je reçois le message de Steve : « Énorme problème avec le bateau. Carte électronique du moteur cramée. Impossible de casser la glace dans ces conditions. On n'arrivera jamais là où on devait arriver… »

*

Après une nuit de réflexion, j'en suis venu à me dire que l'escale prochaine de *Pangaea* en Tasmanie pour réparer ce problème d'électronique n'est pas forcément une si mauvaise chose. Cette course contre la montre engagée avec mon bateau ajoutait du stress là où les pièges tendus par l'Antarctique se suffisent à eux-mêmes. Désormais, j'ai tout le loisir de me concentrer sur ma progression au milieu des crevasses qui, bientôt, remplaceront ces chers *sastrugi*. Je marcherai au rythme du vent, de mes jambes éreintées et de ma pauvre épaule. Ça prendra le temps qu'il faudra, mais, un jour, je finirai bien par apercevoir la mer. Il paraît même que les portes de la station Dumont-d'Urville pourraient m'être entrouvertes lorsque j'arriverai au bout du voyage. Si j'ai bien compris, je ne dois pas m'attendre aux grands honneurs, ça se fera un peu en catimini, mais bon, c'est quand même rassurant de savoir qu'on ne va pas passer l'hiver avec les phoques.

En même temps, depuis aujourd'hui, j'ai une bonne carte de visite dans ma manche pour amadouer les autorités sur place. Je viens de recevoir un message de la grande exploratrice française Laurence de la Ferrière, la première femme ayant réussi la traversée intégrale de l'Antarctique en deux étapes à la fin des années 1990.

Par la suite, elle a été nommée par le ministère français de l'Outre-mer à la tête du district de la terre Adélie et elle a dirigé la base Dumont-d'Urville de 2008 à 2010. Elle m'écrit : « Bravo ! Toute mon admiration pour ta traversée. Tu vas bientôt accomplir quelque chose d'exceptionnel. Continue d'avancer. C'est dommage que je ne sois plus à Dumont-d'Urville pour t'accueillir, mais je connais des gens là-bas… »

En lisant ces mots, je raye de ma mémoire mes états d'âme de proscrit. Oublié, le cortège de défiance qui m'a accompagné jusque-là. L'enthousiasme et l'aide ô combien précieuse de Laurence, Hannah, Steve, Jacek et les autres suffisent à me combler. Sans oublier mes filles, naturellement. C'est ma famille de sang et d'aventures. Ils savent à quel point je risque ma peau pour assouvir ce rêve que nous partageons tous au fond de nous.

*

Chaque acte de mon quotidien prend plus de temps, désormais. Monter et démonter ma tente, préparer mes repas, paqueter ma luge : la manipulation la plus banale requiert des nerfs de moine zen avec mon bras en écharpe. Le 30 janvier, j'ajoute quatre-vingt-douze kilomètres à mon compteur en conduisant toujours aussi prudemment mon attelage. J'apprends à vivre avec ma douleur. Je me motive en pensant à tous ces gens qui souffrent d'un mal chronique et qui finissent par cohabiter avec cette douleur. Certes, la plupart ne charrient pas un traîneau de plomb sur les glaciers du bout du monde. Mais leur exemple m'aide à me sentir moins seul.

Pour compenser les heures perdues dans ces faits et gestes anodins, je suis obligé de sacrifier quelques règles sacro-saintes sur lesquelles je ne transige jamais habituellement : je ne m'embête plus à faire fondre autant de glace, donc je mange moins et je ne bois pas assez, et j'écourte mes nuits.

*

Le 31 janvier est un jour blanc. Un mur de brouillard neigeux se dresse devant moi au sortir de ma tente. Un jour à rester les pieds au fond du duvet, mais j'essaye tout de même de grappiller un peu de terrain. Je fais décoller ma voile de 4 m^2 malgré ses compartiments d'air à moitié crevés par son rodéo de l'autre fois et, inévitablement, je me plante au bout de un kilomètre sur le premier *sastruga*. Dans un bon réflexe, je parviens à ne pas tomber sur mon côté droit. N'empêche, je sais que je ne pourrai pas tenir beaucoup plus d'une semaine avec de telles privations et ce corps estropié par le gel, les blessures et terriblement amaigri. Je choisis l'option d'arriver là-bas en lambeaux, mais d'y arriver quand même. En réalité, je n'en ai pas d'autre.

*

Ensuite, les jours se suivent et se ressemblent. Purée de pois venteuse et réfrigérante. Des tonnes de flocons se déversent des nuages. On se croirait à Château-d'Oex pendant les vacances de Noël. Je passe des heures à pelleter la neige qui écrase ma tente. Autant être dehors. C'est comme ça que j'arrache vingt-deux kilomètres en quarante-huit heures à la fatalité météorologique, bien aidé par ma voile de 4 m^2 que j'ai patiemment couturée entre deux coups de pelle à neige. J'ai calculé : il m'a fallu coudre près de cinq mètres de toile pour réparer les caissons déchirés de mon cerf-volant. J'essaye d'en sourire. Je me dis que si ma carrière d'explorateur est sur sa fin, je pourrai toujours ouvrir une échoppe de couture. Je l'appellerai *L'Aiguille enneigée*, ou un truc dans le genre.

*

Le 3 février, je m'apprête à franchir le soixante-dixième parallèle. Il me reste encore quatre cent dix kilomètres à parcourir. Tôt le matin, je range mes affaires et j'étale, au milieu d'un dernier champ de *sastrugi*, les quinze mètres de ficelles de mon cerf-volant de 4 m^2, comme neuf depuis la veille. Le vent souffle dans la bonne direction, le brouillard s'est dissipé. Ce n'est pas un jour blanc. C'est un jour noir. Au moment où je déplie ma voile pour retourner m'accrocher à mon harnais, le cerf-volant se met à faire des soubresauts sur la glace, ses lignes reliées aux bords d'attaque se prennent dans une congère, manque de pot, ce sont celles qui servent à faire décoller l'objet… Spectacle mi-tragique, mi-comique : je suis en train de marcher pour venir m'attacher entre ma voile et mon traîneau quand je vois ces deux-là, déjà liés entre eux, se faire la belle sous mes yeux ! Parfois il peut arriver que le cerf-volant tire un peu et fasse bouger la luge, mais jamais il ne décolle comme ça, sans crier gare. J'ai sûrement commis une erreur à cause de cette satanée épaule, j'ai mal placé la voile ou j'ai pris trop de temps pour revenir me harnacher. J'analyserai tout ça plus tard parce que là, dans l'urgence, j'agrippe ma luge au passage et j'entame une longue glissade, accroché à une sangle à l'aide mon seul bras valide...

Avec tous ses câbles entremêlés, mon cerf-volant est devenu fou. Il tourne sur lui-même comme une hélice, envoie balader la luge à droite, à gauche, façon slalom géant. Et moi, je résiste du mieux que je peux en essayant de me hisser à califourchon sur la bâche de mon traîneau. Dans le rodéo, je perds mes deux skis et mon épaule se fait la malle : mon bandage s'est déchiré et mon bras droit pendouille sous mon blouson comme une branche morte.

Et, pourtant, à force de contorsions, je parviens à me hisser sur ma monture en folie. Maintenant, l'idée c'est de parvenir à me saisir de mon couteau suisse placé dans une poche intérieure de mon blouson. Ça tombe bien : j'ai récupéré un bras sous ma veste... J'attrape le couteau, je retire mes moufles, je mets un temps incroyable à déplier la lame en visant la minuscule encoche avec mes ongles pétés. Ouf ! Entre deux ruades, je commence à scier les câbles de mon traîneau. Je n'en peux plus de ces maudits liens, que ce soient ceux de ma luge ou ceux de mon cerf-volant, tous ces cordages que je ne cesse de démêler le soir sous la tente, tout ça pour les sectionner comme de la ficelle à gigot à la première occasion.

Deux minutes plus tard, ma luge s'immobilise et ma voile, livrée à elle-même, perd de l'altitude et se plante sur une congère. Je l'aperçois au loin, une sorte de gros nœud papillon décorant un col blanc.

Quand je descends de cheval, je me dis que les deux accidents qui viennent de survenir en quelques jours constituent un signal d'alarme. Je ne suis pas en possession de tous mes moyens – c'est le moins qu'on puisse dire –, si je ne me calme pas avec le ski-kite, je risque de tout foutre en l'air. Je me le répète, je m'en convaincs : « Arrête tes exploits, Mike, ça va mal finir ! »

Mais comme il me faut plus d'une heure pour récupérer mon cerf-volant et retourner chercher ma paire de skis, j'ai le temps de changer d'avis. En fait, avec sa drôle de forme en huit, ma voile a presque la taille idéale, désormais. Depuis le temps que je regrette de ne pas posséder un cerf-volant de 2 m^2, ça y est, j'en tiens un. Il n'est pas beau, un peu tire-bouchonné, couvert de cicatrices, mais pour ce que je lui demande, c'est l'idéal.

Qu'est-ce que je lui demande ? Après quatre-vingt-cinq kilomètres dans son sillage placide, je le supplie juste de ne plus me lâcher. Il est le seul à être capable de m'emmener voir la mer. À lui de choisir entre le corbillard et l'ambulance. Moi, je ne peux plus rien faire. Tout à l'heure, quand je luttais avec mon traîneau lancé à pleine vitesse, j'ai senti mon épaule qui se déboîtait à moitié. Des ligaments ont dû encore se tordre, je ne sais pas, mais ça fait un mal de chien et j'ai dû reprendre de la morphine à haute dose. Mes pieds, je n'en parle plus parce que ce ne sont plus des pieds depuis longtemps, juste deux hématomes boursouflés par le gel et les châtiments quotidiens. Tous les kilos que j'ai perdus en chemin ont emporté mes dernières forces. Je flotte dans mes sous-vêtements et mes polos coupe-vent – je me revois enfant quand j'enfilais le maillot de rugby de mon père pour me regarder dans le miroir –, à force de privations j'ai presque perdu l'appétit. Non, je ne peux plus rien faire. Ou alors, une ultime chose. Ne pas renoncer, ne pas me laisser mourir. Et vite, vite, arriver là-bas.

*

Il me reste à peine plus de trois cents kilomètres à parcourir, au soir de ce 3 février. Je décide de ne pas monter ma tente. Je choisis de me passer du dîner. Je place mon traîneau contre le vent. Je m'allonge à côté de lui, mon corps étendu sur la glace. La neige qui tournoie autour de moi me recouvre doucement. Et je ferme les yeux.

21.

« Vis pour moi… Vis pour nous deux… » Tu vois, Cathy, si j'en sors vivant, je sais déjà ce que je ferai dans les années qui viennent. Je crois que je vais abandonner l'idée du magasin de couture pour essayer de transmettre mon humble message et, peut-être, un peu de bonheur à tous ceux qui n'ont pas ma chance. Il y a presque huit semaines, maintenant, que suis parti seul dans ce défi fou. J'ai lutté contre le froid et le vent, j'ai pleuré de joie et de dépit, j'ai souffert au plus profond de ma chair, là même où j'ai puisé des ressources que je ne soupçonnais même pas. Toute ma vie, j'ai voulu aller voir ailleurs si j'y étais. Ce soir, je dors à même la glace comme un animal sauvage. Tout autour de moi, il n'y a ni repères, ni couleurs, ni bruits. Que le chant du blizzard et la caresse de la neige sur mon visage. Et je suis bien là où j'avais rêvé d'être.

Avec toi, Cathy, je vais me battre encore. Je vais aller au bout et ensuite je raconterai aux gens d'où je viens et pourquoi je suis le plus heureux des hommes. Je dirai aux parents d'enfants turbulents : « Ne vous inquiétez pas, les aventuriers qui vous font rêver aujourd'hui sont tous d'anciens gamins qui ne tenaient pas en place ! » Je sais de quoi je parle. Trop souvent, on n'écoute pas nos enfants, ce sont eux qui doivent nous écouter, on veut juste qu'ils nous obéissent. Mais c'est quand on a huit ans qu'on invente sa vie et qu'on songe à de grandes choses. Pourquoi, quand on est gamin, tout est possible et, quand on se transforme en adulte, tout devient impossible ?

Parfois, on me dit qu'il n'y a pas besoin d'aller au pôle Nord ou de grimper l'Everest pour se sentir vivant. Bah ! si, un peu quand même… On se limite tellement par notre seule façon de penser. On n'ose pas donner la chance à nos désirs de devenir réalité. On ne veut pas prendre le risque de gagner parce qu'on a peur de perdre. Perdre quoi au juste ? La vie est longue si l'on ne marche que sur des sentiers balisés. Longue et monotone. Le monde est tellement plus beau quand on l'observe du bord de la falaise. Je ne prétends pas qu'il faille se mettre en danger comme je le fais peut-être un peu trop souvent, mais un petit pas de côté, hors des chemins tout tracés, juste un petit pas… Ce n'est pas une question de courage. Je ne suis pas plus courageux qu'un autre. Pas de mon point de vue. Pour moi, le summum de la bravoure, c'est de mettre le même costume, la même cravate et de prendre la même route tous les jours pour aller au bureau.

Je n'ai pas peur de perdre, j'ai déjà tant perdu. Ma femme, mon père, ma sœur et tant de compagnons d'armes et d'aventures. Tous mes proches m'ont inspiré et leurs vies se prolongent à travers la mienne. Ma volonté de gagner prendra toujours le pas sur la peur de perdre. Et je ne parle pas de gagner de l'argent pour s'acheter une nouvelle bagnole ou une maison plus grande. Quand je suis chez moi, en Suisse, je loge chez mes filles et je dors sur un canapé. Non, gagner pour voir les choses qu'on ne voit jamais, en soi et à l'autre bout du monde, pour apprendre, pour voyager, pour vivre chaque jour comme un moment unique.

Depuis près de huit semaines, j'ai traversé des paysages infinis où nul être humain n'avait laissé sa trace. J'ai accompli mon rêve d'enfant. Je peux mourir tranquille. Mais je ne suis pas seul, endormi sur la glace dans la nuit blanche du grand hiver. Si je refuse de baisser les bras, c'est pour tous ceux qui vivent à travers moi, qui m'ont donné l'amour et qui me prêtent leur force.

22.

Je ne sais pas combien de temps je suis resté endormi sur la glace. Cinq, dix minutes peut-être… En tout cas, j'ai eu le temps de faire un rêve. Ou alors c'était une hallucination, car j'étais dans une sorte de demi-sommeil, à moitié conscient. Ça n'a duré que le temps d'un flash. J'ai aperçu mon bateau qui se balançait au milieu des icebergs, juste à quelques centaines de mètres de moi. On aurait dit qu'il m'attendait. En fait, je crois que c'est la dernière vision que j'ai gardée de *Pangaea* quand je marchais seul sur l'*ice-shelf*, au tout début de l'aventure. Exactement la même. Elle a dû rejaillir de mon cerveau sous l'effet de l'épuisement ou de la morphine.

Quand je reviens à moi, j'époussette la neige qui me fait comme un drap blanc et je décide de me remettre aussitôt en marche. Je n'ai pas de tente à replier, pas de matériel à ranger soigneusement dans mon traîneau : cinq minutes plus tard, je suis déjà en train de glisser derrière mon cerf-volant biscornu. Je sais que pour parcourir les trois cents derniers kilomètres de mon périple, je n'ai plus que quelques gouttes d'essence dans le moteur. Je suis incapable de lever le bras droit et mon sang n'a même plus le courage d'irriguer mon cerveau, puisque j'entrevois des mirages comme quand on manque d'oxygène à huit mille mètres d'altitude. La seule solution qui me reste, c'est encore d'abattre le plus de distance possible sans m'arrêter. Aller au bout de mes forces, jusqu'au bord de l'évanouissement, me laisser tomber dans la neige, m'assoupir tout habillé, et repartir dès les premiers frissons. Juste des micro-siestes. Ne surtout pas monter la tente. J'ai peur de m'y sentir trop bien et de ne plus avoir le ressort pour en sortir. Je ne veux pas finir comme Scott et ses hommes qui ont préféré mourir que de souffrir encore.

À la limite, j'ai presque l'impression de mieux récupérer en dormant dix minutes comme un chien de traîneau qu'en passant la nuit dans mon duvet. Je suis un peu comme ces sportifs qui font des séances de cryothérapie après les matchs. J'ai l'impression que mes muscles se revigorent plus facilement, que mon organisme se régénère. Quand j'émerge de mon lit de flocons et de mes visions, je me nourris de boules de graisse et de barres énergétiques et je me sens d'attaque pour quelques heures, quelques dizaines de kilomètres supplémentaires. Comme je prends bien soin de placer ma luge entre le blizzard et moi, je ne crains pas l'hypothermie. La fine couche de neige qui me recouvre fait comme un cocon et, dès que le gel s'immisce dans ma peau, les frissons me réveillent.

Évidemment, je ne peux pas tenir ce rythme jusqu'à la fin du voyage. Mais c'est durant ces quarante-huit heures un peu dingues où je ne fais plus fondre de glace, où je ne bois pas, où je m'alimente si peu, où je ne me repose quasiment jamais que je gagne mon pari. Dans l'état où je suis, chaque minute compte. Désormais, j'ai presque envie de ralentir le temps, de savourer mes derniers instants de solitude et de retenir mon rêve. En deux jours, j'ai parcouru près de deux cents kilomètres.

*

Au matin du 5 février, je ne suis plus qu'à deux cent trente kilomètres de la délivrance. Devant moi, le glacier descend en pente douce jusqu'à la mer, en formant de petites vagues, presque comme des marches d'escalier. J'imagine, parce que je ne vois pas encore l'eau, mais je distingue déjà de gros nuages noirs de condensation qui dansent sur l'horizon. Doucement, Mike, doucement… Pour la première fois depuis une éternité, je plante ma tente et je m'offre un bon roupillon.

Dans l'après-midi, je prends mes bâtons de pèlerin et je slalome au milieu de mes dernières crevasses. Certaines sont ouvertes, la gueule béante, car en cette saison les ponts de neige sont souvent disloqués. Je lâche un peu sur la sécurité. Je lâche un peu sur plein de choses. Je traverse deux ou trois failles et j'entends la glace qui craque derrière mes skis. Mais ça passe. Dans le ciel, mon gros nœud papillon gonfle fièrement ses ailes balafrées. Le vent descend du glacier et joue désormais en ma faveur. Il était temps, mais tout joue désormais en ma faveur. Même l'escale prolongée de *Pangaea* en Tasmanie ne m'inquiète pas. Mes filles, toujours fidèles au poste, m'ont appris qu'un navire de ravitaillement faisait prochainement sa dernière navette de l'hiver entre l'Australie et la terre Adélie. Il y aura bien une place pour moi à bord ou dans la soute…

Je parcours soixante-six kilomètres ce 5 février, et quatre-vingt-huit de plus le lendemain. Ce soir-là, je me suis dit que je planterai ma tente au moment où j'apercevrai la mer, mais je ne la vois toujours pas. En revanche, les nuages noirs sont presque au-dessus de moi.

*

Le 7 février, en milieu de matinée, je m'élance pour les quatre-vingt-deux derniers kilomètres. Je me fais tracter gentiment jusqu'en milieu d'après-midi. C'est un moment un peu irréel, je ne réalise pas que, dans une poignée d'heures, si je continue comme ça, c'est terminé.

Après une cinquantaine de kilomètres, je découvre de larges empreintes de chenilles sur la neige. Les traces des convois qui partent de la base Dumont-d'Urville et de son annexe logistique, la base de Cap Prud'homme, voisines de cinq kilomètres, pour ravitailler celle de Concordia, au faîte du dôme C. La piste est tellement damée qu'il n'y a plus de crevasses. Je décide de l'emprunter une heure ou deux avant de plier mon cerf-volant pour parcourir à pied les derniers kilomètres de ma traversée.

Le vent a balayé la neige et la glace est bleue comme un saphir. Maintenant, je peux voir la mer. Maintenant, je marche avec ma luge à côté de moi. À un moment, le glacier forme une sorte de creux et, tout à coup, la mer disparaît de mon horizon, je me retrouve entouré de glace et, l'espace d'un instant, je me dis que l'Antarctique a voulu me rappeler les paysages infinis que je m'apprête à quitter. Je ne sais toujours pas où je vais dormir ce soir et si seulement quelqu'un m'attend. Peut-être qu'il me faudra planter ma tente au bout du continent. Je m'en fiche. Je m'en fiche intégralement. Si mon bras droit était valide, je me cognerais le cœur et je hurlerais : « Je m'en fous des jugements, des contrats, de l'argent… Je suis riche de ce que j'ai vécu, je suis riche de ce que j'ai là-dedans ! » Quelle plus belle fin j'aurais pu rêver, après tout ? Être traité comme un pirate, à la façon d'Amundsen. Ça me va. Ça me va très bien.

À deux kilomètres de l'arrivée, le glacier dessine une dernière bosse au sommet de laquelle je m'accorde une ultime pause. En contrebas, j'aperçois la piste d'atterrissage et les tracteurs de la base logistique franco-italienne de Cap Prud'homme. Ensuite, il n'y a plus rien : la montagne plonge dans la mer. J'ai envie de marquer le coup, de m'offrir une dernière sensation : j'enfourche mon traîneau, je me tiens à une sangle et j'effectue la descente à fond la caisse, comme sur une luge ! À l'arrivée, je freine comme un malade, les deux pieds crissant sur la glace, et mon traîneau s'immobilise juste au bord de l'eau, à quelques mètres du grand plongeon. Des manchots empereurs sont en train de pêcher dans l'obscurité. Ils jettent un œil rond vers moi. « Salut les gars, c'est Mike ! »

*

Il est presque 23 heures, ce 7 février. Je me prépare déjà à déplier ma tente pour fêter mon succès avec les manchots quand un type sort d'un bâtiment, à environ deux cents mètres de moi. Peut-être qu'il allait pisser dehors ou chercher un truc dans un tracteur, je ne sais pas, en tout cas, quand il m'aperçoit, il fait un bond en arrière. On dirait qu'il va prendre ses jambes à son cou pour aller raconter à ses copains qu'il a aperçu un yéti. C'est le cas. Je dois ressembler à un animal sauvage. Personne ne m'attend. Personne ne peut m'attendre puisque ça n'arrive jamais que quelqu'un débarque comme ça, en pleine nuit, au cœur de l'hiver ou presque, après avoir traversé le continent de part en part. Sur sept milliards d'humains, je suis le seul à l'avoir fait, en tout cas de cette manière. Le type s'approche doucement, regarde ma luge, mon traîneau, et finit par me faire signe de le suivre en me parlant en italien, avec de grands gestes.

J'hésite un peu, j'appréhende ce retour brutal à la civilisation, je m'étais presque fait à l'idée de passer une nuit de plus à la belle étoile. Mais j'y vais quand même, par curiosité. J'entre dans le bâtiment, un grand réfectoire surchauffé, emmitouflé dans ma tenue de spationaute, la capuche sur la tête, la barbe de cinquante jours sur les joues. Des types sont en train de jouer au baby-foot, d'autres boivent de la bière, tous en tee-shirt.

Il y a comme un blanc. Un très long moment d'incrédulité. Tout le monde me dévisage. Finalement, l'Italien me fait signe de m'asseoir et d'enlever mes chaussures. Je m'attable, les autres s'assoient autour de moi, et je commence à essayer d'expliquer la raison de ma présence parmi eux. « Je viens de l'autre côté de l'Antarctique, sans rien, juste un cerf-volant, *a piedi*... » Ils hochent la tête, écarquillent les yeux. D'autres les rejoignent, de plus en plus nombreux, des Italiens et des Français, de jeunes gars robustes formés aux travaux hivernaux et aux longs convois motorisés dans le froid. Ils ont relancé les fourneaux. Une multitude de plats fait son apparition sur la table, du vin aussi, de la bière, du pastis. « Mange, l'ami, bois... » Ils sont une vingtaine maintenant à m'écouter. Mais les mots sortent difficilement de ma gorge, je ne suis plus habitué, et ce que j'ai à leur dire est si peu croyable... Parmi eux, il y a un Français un peu plus âgé, leur chef, très sympa, il n'arrête pas de me resservir du vin et de me souhaiter la bienvenue. À un moment, il prend sa radio pour avertir les responsables de la base Dumont-d'Urville.

— On a un étranger qui vient d'arriver, un explorateur qui a traversé l'Antarctique et qui demande s'il doit se présenter chez vous.

— C'est bon. Gardez-le.

Je ne me souviens pas vraiment en détail du reste de la soirée. Je suis hébété par ce retour incongru chez les humains, grisé par le vin et la chaleur de mes hôtes. Un peu estourbi, aussi, par le fait que tout soit fini. Je me rappelle juste m'être félicité d'avoir récité un court message avant d'entamer ces libations. Un truc sobre et concis, enregistré au milieu des manchots. « Nous sommes le 7 février, vingt-deux heures cinquante, je suis Mike Horn et après cinquante-sept jours, seul et sans assistance, je viens de terminer ma traversée de l'Antarctique... » Ça m'est venu comme ça.

Je n'ai pas songé un instant à employer des expressions comme « J'ai vaincu » ou « J'ai conquis le record »... Je suis tellement conscient de n'avoir rien vaincu, ni conquis quoi que ce soit. Durant ces cinquante-sept jours, je n'ai été qu'une toute petite chose. Je n'ai pas triomphé de l'Antarctique, c'est lui qui m'a laissé passer.

* *
*

J'ai vécu presque une semaine au sein de cette communauté chaleureuse et sans chichis de techniciens et de conducteurs de camions. J'ai dormi dans un lit chaud, j'ai soigné mon épaule, mes pieds, et je me suis pesé. J'avais perdu seize kilos. Le 14 février au matin, j'embarque sur le navire de ravitaillement l'*Astrolabe* qui effectue son dernier aller-retour de l'hiver entre la Tasmanie et l'Antarctique. Nous voguons au milieu des icebergs dans la nuit noire. Et une semaine plus tard, nous arrivons à proximité du port de Hobart.

*

20 février, quatre heures du matin. Du pont, j'aperçois une forme familière dans le lointain, un beau bateau gris toutes voiles dehors. *Pangaea* est venu à notre rencontre. Steve est à la barre, Jacek et Laure s'activent à l'avant du bateau, les silhouettes des uns et des autres émergent une à une des cabines. L'*Astrolabe* accoste. Je m'agrippe au bastingage, je bondis sur mon bateau. Les yeux embués, mes camarades me regardent

comme un revenant. Tout ce que j'ai vécu depuis que je les ai quittés remonte en moi soudainement. J'ai un sourire jusqu'aux oreilles et pourtant je sens les larmes qui s'apprêtent à couler. Alors, une dernière fois, je me raccroche aux héros de mon enfance. À la manière de sir Ernest Shackleton, je fais face à mon équipage et, d'une voix presque impassible, je laisse tomber les derniers mots de l'aventure :

« Mes amis, c'est fait. On rentre à la maison… »

Épilogue

Février 2018. Douze mois ont passé, déjà. À des années-lumière de mon raid solitaire en Antarctique, je crapahute dans la jungle philippine pour les repérages de ma future émission : *Cap Horn*. J'ai beau me trouver aux antipodes du grand désert de glace, tout mon être est encore imprégné par cette aventure hors du commun. L'aboutissement d'un rêve, mais aussi le froid et la souffrance, m'ont marqué d'un sceau indélébile. Jamais je n'étais allé aussi loin dans l'épreuve physique et morale. Jamais je n'ai eu le sentiment de frôler la mort d'aussi près.

Quand j'ai retrouvé mes filles, trois semaines plus tard, elles m'ont vu comme un cadavre qui marche. Et quand je les ai embrassées, elles ont presque esquissé un mouvement de recul : ma peau exhalait encore les sales odeurs du manque d'hygiène et des blessures qui suintent. J'ai mis près de six mois à me refaire totalement la santé. Et il m'a fallu cicatriser d'un nouveau deuil. Au terme de mon expédition, ma mère a rejoint mon père et ma femme au paradis des gens qui, chaque jour, me parlent à l'oreille et me donnent la force d'aller plus loin.

C'est pourquoi tant que je serai en vie, l'aventure continuera. La prochaine me guidera jusqu'au pôle Nord, dans les mois, les années qui viennent. Je la mènerai avec mes filles. Je n'ai plus qu'elles. Après tout ce que nous avons traversé depuis trois ans, nous formons un attelage indestructible. Avec elles, pour elles, je sais que je surmonterai tous les obstacles pour aller au bout de ma grande expédition Pôle2Pôle, un tour du monde à trois cent soixante degrés tel qu'il n'a jamais été réalisé.

Je me souviens qu'avant de me lancer dans mon périple en Antarctique et ma course, à la vie à la mort, contre l'hiver, tout le monde prétendait que, cette fois, j'avais placé la barre trop haut. Le défi était impossible à relever. Et pourtant, j'ai surmonté toutes les épreuves. Et pourtant, j'en suis sorti indemne, ou presque. C'est pour ça que cette expérience surpasse toutes celles que j'ai vécues jusque-là. Personne ne me donnait une chance d'aller au bout de mon rêve. Il fallait sans doute que j'en réchappe pour leur donner raison.

Maintenant, je peux le dire.

Maintenant que je l'ai fait, je sais que c'était impossible.

Remerciements

Je remercie mes filles, ma famille et mes amis qui m'ont soutenu dans l'organisation de ma traversée, mes sponsors de longue date, Mercedes Benz et Panerai, mes partenaires Scott, Inkwell, Noël Fourrures, Dahu, Mover, Baabuk, Katadyn ainsi que Franck Giovannini et Brigitte Violier pour leurs délicieux repas.

Je remercie toutes les personnes qui ont contribué au succès de mon expédition : Steve Ravussin, Édouard Kessi, Philippe Durr, mon équipage, Jacek, Laure, les jeunes et les créateurs de contenu qui m'ont aidé à raconter mon histoire, SAS Prince Albert II de Monaco et le colonel Philipponnat, Børge Ousland, Hannah McKeand, les équipes des bases de Dumont-d'Urville et de Cap Prud'homme et enfin l'équipage de l'*Astrolabe*.

Et sans oublier les 7,6 milliards de personnes vivant sur cette planète.

Cet ouvrage a été composé et mis en page
par Nord Compo à Villeneuve-d'Ascq

Imprimé en France par CPI
en décembre 2020
N° d'impression : 3041393

Pocket – 92 avenue de France, 75013 PARIS

S29224/05